Voor God alleen

Voor God alleen

Auteur: Broeder René Stockman
Omslagillustratie: 'Kruisafneming', Benedetto Antelami, kathedraal Parma
Vormgeving en druk: Halewijn nv

D/2008/5930/017
ISBN 978 90 8528 0859

Broeder René Stockman

Voor God alleen

halewijn

Voorwoord

Celibaat of maagdelijkheid of zuiverheid zijn niet de thema's waar men vandaag succes mee oogst. Dikwijls wordt het gezien als een leven dat onaf is, dat op frustraties moet uitdraaien, of dat onwillekeurig tot misbruiken leidt. In een wereld die erotisch gekleurd is wordt het inderdaad moeilijk om iets positiefs te zeggen over een leven in onthouding. Het zijn ofwel abnormalen ofwel mensen met een dubbel leven die dit leven in celibaat formeel aankunnen.

Het blijkt dus waar te zijn en waar te blijven dat het celibaat om het Rijk der hemelen moeilijk te begrijpen is voor hen die er niet toe geroepen zijn. 'Wie dat kan, moet het begrijpen' (Mt.19, 12) klinkt het in de nieuwe vertaling, en vroeger klonk het misschien nog duidelijker: 'Vatte wie het vatten kan; alleen zij die er uitdrukkelijk toe geroepen worden, kunnen het begrijpen'. Maar deze gevleugelde zinsnede van Christus mag ons niet weerhouden toch te proberen, in eerste instantie voor onszelf die geroepen zijn om godgewijd celibatair te leven, om dieper door te dringen tot dat mysterie. Het zou van grandioze pretentie getuigen indien we zouden zeggen, met enige meewarigheid, dat al die anderen maar best geen inspanningen moeten doen om het godgewijde celibaat te begrijpen. Neen, het is en blijft een moeilijk te doorgronden mysterie, maar voor hen die ertoe geroepen zijn, en ik mag mij bij deze rekenen, is het een rijke levensvervulling die blijft uitnodigen om uitgediept te worden.

Wanneer ik dan deze bladzijden heb neergeschreven, is dit in eerste instantie een meditatie over mijn eigen levensproject, namelijk te leven als ongehuwde voor God , en dat op het einde van de twintigste en het begin van de eenentwintigste eeuw. Het is een poging om dieper in te gaan op dat mysterie van de menselijke seksualiteit die een gegeven is voor ieder mens, en de wijze waarop we daar een zinvolle invulling aan proberen te geven, gekoppeld en verbonden aan de roeping die men in het leven ontvangt en probeert te beleven. Het ongehuwde leven voor de Heer is een levensstaat die op dezelfde hoogte staat als het huwelijk en het ongehuwde leven dat men kiest voor een wereldse project. Voor iedere levensstaat komt het erop aan een geordend leven te leiden, waarin het geseksueerd-zijn niet onderdrukt, niet overbeklemtoond maar passend geïntegreerd wordt. Maar het is niet goed om alles onmiddellijk op het seksuele te betrekken. We moeten eerder stellen dat iedere levenswijze een roeping is, een kader waarin men tot een levensvervulling wil komen en tracht te komen. Het is daarin dat alles dient gekaderd te worden, ook de seksualiteit.

Het godgewijde celibaat, zoals we vandaag de levensstaat van de religieuzen noemen, is een levensvervullende aangelegenheid. Daar kan ik persoonlijk van getuigen. Het is een levensstaat die maar te begrijpen en te beleven is wanneer hij inderdaad aan God wordt toegewijd. Het is omwille van God dat men ongehuwd blijft en het is aan God dat men alle ruimte wil geven, reeds nu in dit leven, bij wijze van spreken als voorsmaak op wat later zal komen. En het is God die in die vrije ruimte kan treden met zijn liefde, een liefde die een spirituele dimensie heeft, maar ook gestalte krijgt in ons zijn in deze wereld. Men gaat niet vrijuit wanneer men ruimte wil geven aan God, en voor sommigen heeft dat verrijkende gevolgen en wordt dit de invulling van hun leven. Ze worden godgewijd, religieus, al de rest ondergeschikt makend aan dit godgewijde, tot en met de wijze waarop men zich bindt aan medemensen.

Bij het godgewijde celibaat gaat het over de liefde, over een leven in liefde. Bij de liefde hoort ook het seksuele, de sensuele wijze waarop men aan de liefde uiting wil geven. Het godgewijde celibaat heeft dus ook wezenlijk met dit seksuele te maken, met deze dimensie die in ons leven verankerd is. Men zal het godgewijde celibaat dan ook seksueel beleven, anders dan de gehuwden en anders dan zij die ongehuwd blijven om andere redenen dan het godgewijde. Leven in onthouding voor een hoger doel is ook een wijze van seksualiteitsbeleving en moet niet onderdoen voor een seksueel actief leven. Het vraagt een andere wijze van omgaan met de seksuele impulsen en de wijze waarop men daar al dan niet uiting wil aan geven. En dit hoeft helemaal geen frustrerende aangelegenheid te zijn, of een leven dat aanzet tot het geniepig ontwikkelen van een alternatief circuit, in den duik, als verborgen agenda, ter compensatie wat men officieel en formeel niet beoefent.

Zijn er dan geen problemen in het godgewijde celibaat? Wellicht evenveel als er in het huwelijk zijn en in andere levenskeuzen. Maar opnieuw moeten we dat niet overdrijven en gaan uitvergroten wat momenteel wel gebeurt. In sommige landen zijn alle priesters en religieuzen knapenschenders of levend in concubinaat. Het is een triestige veralgemening van een spijtige aberratie die in het leven van een aantal priesters en religieuzen is getreden en die inderdaad veel schade heeft berokkend, en dat niet alleen voor de slachtoffers in kwestie. Het is een onterechte beschuldiging aan het adres van die velen die in het godgewijde celibaat een vruchtbare levensstaat hebben mogen ontdekken, en die juist door deze levensstaat tot rijke persoonlijkheden zijn kunnen uitgroeien.

Dit boek gaat over het celibaat bij religieuzen. We noemen het vandaag het godgewijde celibaat. Bij priesters spreekt men van het ambtscelibaat, van de celibaatsplicht. De levenswijze is dezelfde, de motivatie kan verschillend zijn. Ooit zei een bisschop op een conferentie aan religieuzen dat het celibaat iets is dat men er moet bijnemen. Er was protest in de zaal, en met reden. Naderhand vroeg hij mij of hij iets verkeerd had gezegd. Neen, voor religieuzen is het celibaat niet iets dat men er bij neemt, maar is het iets fundamenteels, meer zelf, het hoort bij het wezen van het religieuze leven, het is het wezen van het religieuze leven. Voor priesters is het een plicht die wordt opgelegd, maar we mogen hopen dat de meeste priesters, ook al is het een plicht verbonden aan het ambt, het celibaat ook godgewijd mogen beleven. En zo zal dit boek ook voor priesters een handreiking mogen zijn om hun celibataire levenswijze te verdiepen, net zoals zij die voor een andere levensstaat hebben gekozen of ertoe geroepen werden, met de kennismaking van deze celibataire levenswijze een betere kijk mogen krijgen op hen die 'omwille van het Rijk' vrijwillig gekozen hebben celibatair te leven.

Het is een bezinning die nooit af is, omdat ook het leven dat we leven als godgewijde celibatair nooit af is, altijd nieuwe perspectieven opent en ons voor nieuwe en nog ongekende uitdagingen plaatst. Maar wat zeker is: het is boeiend, zowel in zijn goede als in zijn kwade dagen.

Br. René Stockman f.c.

Inleiding

Wanneer we nadenken over de grond van het religieuze leven of het godgewijde leven, dan stoten we op de vraag wat nu eigenlijk de essentie uitmaakt van dit leven. Klassiek wordt dikwijls verwezen naar de geloften van gehoorzaamheid, armoede en zuiverheid. Maar deze geloften zijn niet exclusief voor religieuzen, want alle christenen worden uitgenodigd gehoorzaam te zijn aan de boodschap van het evangelie, sober te leven en te delen met hen die in nood zijn, en hun seksuele driften te richten naar de opbouw van hun leven in gemeenschap. Natuurlijk krijgen deze geloften binnen het religieuze leven een meer specifieke invulling en werden ze als religieuze geloften naar het religieuze leven toegeëigend. Maar ook gehuwden dienen te gehoorzamen aan mekaar in het huwelijk, hun goederen te delen met elkaar en hun seksualiteit zuiver te beleven binnen het huwelijk.

Wat dan met de termen 'radicaliteit', 'exclusiviteit', 'meer intensief', waarmee het religieuze leven soms wordt geduid? Hier klinkt een zekere meerwaarde dat het religieuze leven zou hebben ten overstaan van het gewone christelijke leven. En opnieuw kunnen we de kritiek formuleren dat iedere christen geroepen is om de evangelische boodschap radicaal te beleven, de Heer op een exclusieve wijze te volgen en zich intensief in te zetten voor het Rijk Gods.

Eigenlijk kunnen we het moeilijk hebben met de term 'religieus leven' en 'godgewijd leven'. Leven de niet-religieuzen dan een a-religieus leven, en zijn we niet allen aan God toegewijd door ons doopsel? Tijdens de laatste synode over het godgewijde leven werd gekozen niet meer te spreken over 'religieus leven' en consequent de term 'godgewijd leven' te gebruiken, maar zelfs deze term drukt o.i. nog onvoldoende de specificiteit uit van het ... religieuze leven, om toch maar de klassieke term te gebruiken.

Het specifieke van het religieuze leven is het godgewijde celibaat waartoe de religieuzen zich aan God binden. Dat is de kern van het religieuze leven, het is met deze levensstaat dat de religieus door het leven gaat en het is ook in deze levensstaat dat hij zijn geloften zal uitspreken en vorm geven.

Het is dan ook belangrijk om dit vanaf het begin duidelijk te stellen: het godgewijde celibaat is de levensstaat die de eigenlijke identiteit uitmaakt van de religieus, en de geloften die hij uitspreekt zijn deze van gehoorzaamheid, armoede en zuiverheid. Toen ik in 1973 voor de eerste maal mijn geloften uitsprak als religieus in de congregatie van de Broeders van Liefde het ik de geloften van gehoorzaamheid, armoede en godgewijd celibaat uitgesproken. Dit was althans de formulering die toen modern klonk en nieuw. Maar ik denk dat dit een vergissing was en dat ik de term 'zuiverheid' had moeten uitspreken. Dat is ondertussen ook in die zin aangepast, en nu spreekt men de geloften van gehoorzaamheid, armoede en zuiverheid uit binnen het godgewijde celibaat. Het is binnen de levensstaat van het godgewijde celibaat dat we onze geloften kaderen, net zoals een gehuwde zijn huwelijksgeloften zal kaderen binnen het huwelijk. Ook hij /zij moet, zoals hierboven aangegeven, zuiver leven binnen het kader van het huwelijk, trouw zijn aan zijn echtgeno(o)t(e) en de seksualiteit steeds beleven als een gave aan de andere, gericht op het geluk en de ontplooiing van de andere en niet om eigen egoïstisch genot.

De term maagdelijkheid, die ook soms gebruikt wordt op het niveau van de geloften, zou ik liever voorbehouden voor de levensstaat van het godgewijde celibaat, die een maagdelijke levensstaat is. Het woord 'maagdelijkheid' heeft vandaag echter een negatieve connotatie, maar was vanaf de eerste eeuwen de term waarmee de levensstaat van de godgewijde werd uitgedrukt, verwijzend naar de lichamelijke conditie van de persoon in kwestie, maar ook naar de kwaliteit van de persoon die één en onverdeeld is gebleven om helemaal aan God toe te behoren. Van Maria wordt gezegd dat ze maagd was, duidend op de lichamelijke conditie waarmee ze Christus ontving, maar ook duidend op de wijze waarop ze totaal open en gegeven bleef voor de opdracht die haar door God was aangeboden.

Het godgewijde celibaat of de maagdelijkheid als levensstaat van de religieus, en de zuiverheid als gelofte waarmee hij deze maagdelijkheid wil behouden en bevorderen en uitbouwen als een levensproject, is het denkkader waarin we verder willen reflecteren over het godgewijde celibaat, de zuiverheid, de seksualiteitsbeleving, de problemen die religieuzen op het vlak van de seksualiteit kunnen hebben. Het moge een reflectie worden die voor religieuzen een aanmoediging inhoudt om hun godgewijde levensstaat van harte en met blijheid te beleven, als een gave aan God, aan de medemens en aan zichzelf, aan de kerk en de wereld. Het moge aan eenieder die zich vragen stelt over de zin of onzin van het godgewijde celibaat bij religieuzen en ook bij priesters duidelijkheid scheppen dat het hier niet gaat om een afzweren van de seksualiteit, die een verkrampte frustratie tot gevolg kan hebben of een leven in verdoken compensaties doet ontstaan, maar een ruimte geeft aan de personen die het beleven om echt gegeven mensen te worden aan wie het niet aan levensvreugde ontbreekt.

Wanneer binnen de kerk over het celibaat wordt gesproken, wordt het celibaat van priesters en van religieuzen dikwijls over één en dezelfde kam geschoren. Is dit evenwel een correcte visie?

Voor zowel priesters als religieuzen heeft het celibaat een evangelische basis, ingaand op de uitnodiging en de verklaring van Christus om naast het huwelijk ook het ongehuwd-zijn omwille van het Koninkrijk der hemelen als volwaardige levensstaat te beschouwen, voor hen die daartoe geroepen zijn. Deze uitnodiging gaat terug op het woord van Jezus in Mattheus 19, 3 – 9. Over het godgewijd celibaat voor religieuzen, dat het wezen uitmaakt van het religieuze leven, zullen we het specifiek hebben in dit boek.

Sommigen zien het godgewijd celibaat voor priesters quasi op hetzelfde niveau als dit van religieuzen, verwijzend naar de eerste kerk van de apostelen, waar het celibaat reeds als ideaal voor de bisschoppen, priesters en diakens werd vooropgesteld. Anderen beweren dat het priesterlijk celibaat eerder om rituele redenen ontstond en dat naderhand dit celibaat werd teruggekoppeld naar de evangelische gronden. Vanaf de 4de eeuw zou de stelling dat een priester geen seksuele omgang mocht hebben gedurende de nacht vóór dat hij de eucharistie zou vieren algemene regel zijn geworden, die dan tijdens het eerste Concilie van Lateranen in 1123 bij decreet werd vastgelegd: 'Priesters, diakens en subdiakens mogen niet samenleven met vrouwen en bijvrouwen en mogen derhalve niet gehuwd zijn'. Het decreet verwijst naar het Concilie van Nicea in 325 waar reeds werd gesteld dat bisschoppen, priesters en diakens niet mochten samenleven met een vrouw, behalve hun moeder, zuster of tante of zij die buiten elke verdachtmaking stonden. Dat bleef toen meer een aanbeveling dan een strikte regel. Het is slechts tijdens het tweede Vaticaans Concilie (1962-1965) dat de celibataire levensstaat van priesters duidelijk werd omschreven als een speciale gave van de Vader aan bepaalde zielen, waarbij deze zich aan God kunnen toewijden met een onverdeeld hart (1).

De Oosterse Kerk evenwel volgde deze visie niet en reeds bij het Concilie in Trullo in 692, dus lang vóór de scheiding in 1054, werd gesteld dat een priester, eenmaal gehuwd, zijn vrouw trouw moest blijven en haar niet mocht verstoten. Dit concilie werd door Rome niet erkend, maar werd toch voor de Oosterse traditie een mijlpaal op het vlak van het priesterlijk celibaat. Tot op vandaag kunnen binnen de Oosterse kerken, ook deze die met Rome zijn verenigd, gehuwde mannen tot priester worden gewijd. De bisschoppen worden er evenwel steeds uit de ongehuwde priesters gekozen, die overwegend religieuzen zijn (2).

In 1994 bevestigde de Congregatie van de Clerici dat de Kerk, vanaf haar apostolische tijd, steeds de wens heeft uitgedrukt om de eeuwige onthouding als gave voor de priesters te behouden en daarom de heilige wijdingen aan celibataire gelovigen wenst voor te behouden. Dit is ook de visie van de laatste Pausen, die in 'Sacramenum Caritatis' werd bevestigd. 'Ik herbevestig de schoonheid en het belang van het priestercelibaat als een teken van de totale en exclusieve toewijding aan Christus, de Kerk en het Koninkrijk van God, en daarom stel ik dat het celibaat verplichtend blijft in de Latijnse traditie' (3). Het priestercelibaat ontstaan uit de rituele reinheidsplicht bij het vieren van de eucharistie, of gegrond in de uitdrukkelijke uitnodiging van Christus en toegepast in de eerste kerk, blijft vandaag in de Latijnse traditie binnen de Katholieke Kerk een uitnodiging voor priesters om deze plicht ook als een roeping en gave te beleven, waarmee ze op het niveau komen waarop ook de religieuzen hun celibaat beleven: godgewijd, omwille van Jezus en zijn Rijk, en dat uit roeping en met Gods genade.

Noten.

1. Ziegler, Jeff, For the Kingdom of heaven, in 'Our Sunday Visitor', May 27, 2007, p. 9 – 12.
2. Ziegler, Jeff, Eastern Church took different tack on marriage and the clergy, in 'Our Sunday Visitor', May 27, 2007, p. 11.
3. Benedictus XVI, Sacramentum caritatis, postsynodale apostolische exhortatie, nr. 24. Utrecht, Kerkelijke documentatie, juni 2007.

1. Het gaat om de liefde

Iedere menselijke existentie is gericht op de liefde. Iedere mens en de hele wereld zijn op zoek naar de liefde, maar tegelijk moeten we vaststellen dat deze liefde zo teer is, zo licht geschonden wordt, voortdurend gezocht, gevonden en verloren wordt.

Wanneer we in dit boek willen nadenken over het godgewijd celibaat, dan moeten we deze reflectie plaatsen in het licht van de liefde. De liefde is het kader waarin eenieder zijn of haar levensproject wil plaatsen, en het is de liefde die ook het uiteindelijke doel is van ieder levensproject. De keuze om te huwen, om celibatair te leven, om een relatie met iemand aan te gaan heeft altijd de liefde als streefdoel. Het is de liefde ook die ons stimuleert om heel ver te gaan, oneindig ver, in onze relaties. 'Niets is zo sterk als de liefde; de liefde is sterk als de dood. ... Geen stortvloed van water kan de liefde blussen, geen rivier spoelt haar weg. Al bood iemand alles wat hij bezit voor de liefde, men zou hem met verachting afwijzen' (Hooglied 8, 6-7). In het Hooglied wordt de liefde met superlatieven omschreven, zodat we begrijpen wanneer Bernardus van Clairvaux zal stellen dat de maat van de liefde, liefde zonder maat is.

1.1. Alles in het leven heeft met liefde te maken

'Als ik de liefde niet heb, ben ik niets' (1 Kor. 13, 2), roept Paulus uit in zijn hooglied van de liefde. En hij voegt er nog heel wat aan toe om dit 'niets' te onderstrepen: een galmend bekken, een schelle cimbaal, ... 'Maak vooral werk van de liefde'(1 Kor. 14, 1), is dan ook zijn raadgeving. Het is opvallend bij Paulus hoe hij het werkwoord 'hebben' wanneer hij het over de liefde heeft, vervangt door het werkwoord 'zijn', wanneer hij dan opkijkt naar de mens. De liefde is verbonden met het wezen, de existentie van de mens; de mens is liefde. Johannes zal hetzelfde zeggen wanneer hij het over God heeft: 'God is liefde: wie in de liefde woont, woont in God en God is met hem' (1 Joh. 4, 16). Net zoals God liefde is, is ook de mens liefde, of beter, is de mens geroepen om liefde te worden. Want God is liefde in zijn volmaaktheid, de mens is geroepen om in deze liefde te groeien, en het is God die de mens de kracht geeft om liefde te worden: 'Wij hebben lief, omdat Hij ons het eerst heeft liefgehad' (1 Joh. 4, 19).

Hebben en zijn, het is een woordspeling die van grote betekenis is, want het is door liefde te ontvangen en liefde te geven, dat de mens liefde kan worden.

Het is in dit kader ook dat we het liefdesgebod dienen te plaatsen, ons gegeven door Jezus als grootste gebod, samenvatting van alle geboden. 'Heb de Heer, uw God, lief met heel uw hart en met heel uw ziel en met heel uw verstand. Dat is het grootste en eerste gebod. Het tweede daaraan gelijk: heb uw naaste lief als uzelf. Deze twee geboden zijn de grondslag van alles wat er in de Wet en de Profeten staat' (Mt. 22, 37-40). Liefde wordt hier de grondslag genoemd van alles wat er in de Wet en de Profeten staat, en Wet en Profeten omvatten gewoon alles wat met het leven te maken heeft. Alles in het leven heeft dus met liefde te maken, alles in het leven is gericht op de liefde en wordt door de liefde gericht, althans in de ideale droom van het leven zoals dit door Jezus wordt voorgeleefd en geproclameerd.

Met het liefdesgebod wordt ook iets gezegd over de verschillende subjecten waarnaar onze liefde kan uitgaan: naar God, naar de naaste en naar onszelf. Jezus stelt deze drie op dezelfde lijn, er ontstaat een quasi-gelijkwaardigheid tussen God, de naaste en onszelf. Inderdaad, we worden uitgenodigd om onze liefde voor God, voor de naaste en voor onszelf op dezelfde hoogte te brengen en er zeker voor te zorgen dat er geen concurrentie ontstaat tussen deze drie. Johannes bracht reeds de liefde tot God en de liefde tot de naaste op dezelfde hoogte door te stellen: 'Als iemand zegt dat hij God liefheeft, terwijl hij zijn broeder haat, is hij een leugenaar. Want als hij zijn broeder, die hij ziet, niet liefheeft, kan hij God niet liefhebben, die hij nooit heeft gezien. Dit gebod hebben wij dan ook van Hem gekregen: wie God liefheeft, moet ook zijn broeder liefhebben' (1 Joh. 4, 20-21). Het is juist tekenend voor een gezonde spiritualiteit dat de liefde tot God die we uitdrukken in gebed haar weerslag, haar vertaling moet krijgen in de liefde voor de naaste. Jezus voegt hier nog de eigen persoon aan toe. De koppeling van de naastenliefde met de liefde tot de eigen persoon kan tweevoudig worden uitgelegd. Wanneer we de liefde moeten beleven voor iedereen zonder onderscheid, dan wordt ook de eigen persoon het voorwerp van de liefde. Maar opnieuw komt het erop aan de eigen persoon zeker niet in concurrentie te laten komen met de naaste. Gezonde eigenliefde staat de naastenliefde noch de godsliefde in de weg, maar kan ze zelfs versterken. We kunnen toch moeilijk het schepsel van God dat we zelf zijn minachten, want dan minachten we eigenlijk God zelf. Zichzelf kunnen aanvaarden zoals men is en zichzelf liefhebben is de basis van een gezond leven en vormt de basis voor de liefdesbekwaamheid naar de anderen en naar God toe. De verwijzing van de eigen persoon in het liefdesgebod kan ook gezien worden als een richtinggever voor het niveau en de kwaliteit van onze liefde voor de naaste. Het is op de wijze waarop wijzelf graag zouden worden bemind, dat we ook de andere moeten beminnen. De liefde die we verwachten en verlangen van de ander wordt de maat, noem het de minimale maat, waarmee we de andere moeten beminnen. Want de stelling dat de maat van de liefde juist liefde is zonder maat ontneemt aan het liefdesgebod het criterium waaraan ze moet voldoen; door het gebod van de naastenliefde te koppelen aan de liefde die men verlangt van de andere wordt aan het liefdesgebod een duidelijke richting gegeven; het radicale gebod van de liefde wordt erdoor handelbaar. Een andere richtingwijzer die ons door Jezus werd aangeboden is de koppeling van de naastenliefde aan de liefde tot Hem. Bij de oordeelscriteria treedt Hij zelf op als criterium voor de naastenliefde, door zichzelf te identificeren met de naaste: 'Ik verzeker jullie, alles wat je voor één van deze minste broeders van Mij hebt gedaan, heb je voor Mij gedaan' (Mt. 25, 40). Verder kan Hij niet gaan: zoals God zich volledig identificeert met de liefde als dusdanig, identificeert Jezus zich met de persoon die de liefde ontvangt. 'Liefde tot God en tot de naaste versmelten: in de geringe ontmoeten wij Jezus zelf en in Jezus ontmoeten wij God', stelt Paus Benedictus XVI in zijn encycliek 'Deus caritas est'(1). Augustinus, die heel veel heeft nagedacht over de liefde, gaf hierbij de volgende aanvulling: 'Wij worden medeverantwoordelijk voor de liefde van God in deze wereld, want de liefde van God openbaart zich in onze liefde voor de medemensen. Onze liefde is uiteindelijk de liefde van God zelf voor de mens. In onze liefde moet God liefde verschijnen en gestalte krijgen' (2).

Maar laten we terugkeren naar de liefde als dusdanig en ons afvragen wat dat gevoel, dat streven, deze deugd die we liefde noemen eigenlijk is.

Klassiek wordt een onderscheid gemaakt tussen vier dimensies van de liefde: de agape of godsliefde, de philia of vriendschapsliefde, de caritas of de naastenliefde en de eros of de sensuele liefde. Het is een handzame wijze om de liefde te benaderen, te bestuderen, maar voortdurend dienen we erbij te vermelden dat de liefde eigenlijk niet echt te scheiden is in deze verschillende dimensies, maar dat het slechts uitingsvormen zijn van die ene realiteit die we liefde noemen.

Paus Benedictus XVI heeft in zijn encycliek 'Deus caritas est' dit zeer goed aangetoond door de godsliefde juist te omschrijven in termen van eros: God die de mens met een hartstochtelijke liefde bemint, met een liefde die de mens zelf in de eros kan ervaren, de eros die niets minder is dan de afstraling van de liefde van God voor de mens (2). Velen waren verrast om het woord eros op de eerste bladzijde van de encycliek te vinden, en dan nog om de agape te verklaren. Het is alvast een les voor ons om de liefde zoveel als mogelijk als een eenheid te zien, behorend tot de verschillende levensdimensies van de mens: van zijn spiritueel leven (agape), van zijn psycho-sociaal leven (caritas en philia), van zijn psycho-biologisch leven (eros). Maar ook deze opdeling blijft kunstmatig, want agape-philia-caritas-eros hebben met onze ganse realiteit te maken, hebben met onze totale existentie te maken. Zoals de fysische, psychische, sociale en existentiële dimensies slechts kunstmatige opdelingen zijn van de gehele mens, zijn ook de agape, de philia, de caritas en de eros slechts opdelingen van de gehele liefde.

De bekwaamheid van de mens om liefde te ontvangen en liefde te geven is wellicht zijn meest typische trek als mens en onderscheidt de mens van de dieren en van al het andere geschapene. De mens is het wezen dat kan liefhebben zonder andere bedoelingen te hebben: los van de voortplanting, los van de wederkerigheid, los van de instincten en de driften die hem naar een andere doet verlangen. In het liefdevol verlangen naar de andere kunnen deze elementen aanwezig zijn, maar ze zijn niet alleen-determinerend: de liefde kan deze elementen ook overstijgen. Het is juist een eigenschap van de liefde dat ze op zich kan bestaan, dat ze als doel op zich kan worden nagestreefd, dat ze iedere utilitaristische of hedonistische bedoeling kan wegcijferen. De liefde is steeds gericht op de persoon, en niet op de attributen van deze persoon, ook al kunnen deze attributen een weg zijn om tot de persoon te komen. In zijn boek 'Love and responsibility' heeft Paus Johannes Paulus II heel treffend deze band tussen de liefde en de persoon omschreven. We laten ons inspireren door deze studie om de liefde verder uit te diepen en deze finaal te brengen bij ons thema: het godgewijde celibaat (4).

1.2. De persoon en de liefde

Ons ganse nadenken over de liefde kadert in de personalistische visie op de mens. Liefde kan omschreven worden als een verlangen dat zijn oorsprong vindt in het zich aangetrokken voelen naar een ander of door iets van een ander, of door een bepaalde zaak. Dit aangetrokken voelen is een natuurlijke aangelegenheid die spontaan ontstaat, totaal onverwacht en plots, en is eigenlijk een blinde aantrekking. Dit zich aangetrokken voelen moet uitgezuiverd worden, moet door de rede worden geleid en eventueel worden gecorrigeerd. Bepaalde zaken waartoe men aangetrokken wordt zijn in zich slecht en moeten dus vermeden worden. Hier zegt het geweten dat men aan dit aangetrokken worden geen positief gevolg mag geven. Bepaalde zaken waar men een spontane aantrekking voor voelt kunnen ook niet goed zijn voor een bepaalde persoon in een bepaalde situatie. Bepaalde spijzen voor iemand die op dieet staat kunnen zeer aantrekkelijk zijn, maar niet goed voor de gezondheid. De spijzen op zich zijn waardevol, maar verliezen hun waarde voor die bepaalde persoon in deze specifieke situatie. Hier komt dus de vraag naar het waardevolle, maar steeds gekaderd in de levenssituatie van een bepaalde persoon. Dus de appreciatie van het waardevolle waartoe men zich aangetrokken voelt hangt af van de zaak als dusdanig, maar is ook een persoonlijke aangelegenheid, waarbij men zich de vraag moet stellen of deze zaak een goed is voor de persoon in kwestie. Hier zitten we al direct op het personalistisch vlak.

Vanuit de aantrekking ontstaat het verlangen om deze zaak of deze persoon te bezitten, tot zich te nemen. In eerste instantie is dit verlangen een egoïstische aangelegenheid: men verlangt de zaak of de persoon voor het eigen goed, of zelfs voor het eigen genot of voor de eigen nuttigheid.

Wanneer genot en nuttigheid de bovenhand hebben, dan blijft men hangen in het egoïsme, en wordt de andere gebruikt om eigen genot te ontwikkelen of om een bepaald doel te bereiken. Hier is geen sprake van liefde, alleen van ongeordende eigenliefde, waarbij de persoon van de ander in feite wordt misbruikt om eigen doelstellingen te verwezenlijken.

Liefde neemt een aanvang wanneer het goed van de persoon als dusdanig vooropstaat. Hier wordt eigen genot en nuttigheid overstegen, en gaat men zich richten tot het goede dat men wil verwezenlijken bij zichzelf en ook bij de andere. Geleidelijk zal de echte liefde groeien wanneer het verwezenlijken van het goede bij zichzelf niet meer op de eerste plaats komt, maar wel het goede bij de andere. Thomas van Aquino noemt dit de 'amor benevolentiae': het goede van de andere wordt het streefdoel in de relatie die men met de andere aangaat, en het eigen goede wordt vanuit het goede van de andere geboren. Hier ziet men de evolutie van 'ik verlang naar u omdat u goed bent' naar 'ik verlang naar wat goed is voor u'. Echte liefde voor een concrete andere zal altijd deze beweging door moeten, een beweging van uitzuivering die het eigen goed ondergeschikt maakt aan het goed van de andere: benevolentia.

Liefde roept ook steeds wederkerigheid op: liefde geven om liefde te ontvangen, en liefde ontvangen om opnieuw liefde te kunnen geven. Maar wanneer men het goede van de andere als streefdoel gaat stellen, dan komt niet meer de wederkerigheid als voorwaarde voor het verder zetten van de liefde voorop, maar dan wordt het bevorderen van wat goed is voor de ander de reden van de liefde. Hier treden we binnen in het mysterie van de godsliefde: God die zijn liefde blijft schenken en de mens blijft uitnodigen om liefde te ontvangen en liefde te geven, ook wanneer de mens weigert en hardnekkig blijft weigeren om zich open te stellen voor Gods liefde en om deze liefde te beantwoorden. De mens wordt uitgenodigd met zijn liefde op het niveau te komen van Gods liefde, of zijn liefde te richten naar de wijze waarop God de mens liefheeft. 'Wij hebben lief, omdat Hij ons het eerst heeft liefgehad' (1 Joh. 4, 19).

Net zoals God de mens graag blijft zien, ook met zijn fouten en gebreken, met zijn zonden, wordt de mens opgeroepen de andere te blijven beminnen met zijn fouten en zijn zonden, niet ondanks zijn fouten en zijn zonden. Ook dat is een moeilijke aangelegenheid, welke zeer duidelijk wordt in het huwelijk, waar de liefde juist dit uitzuiveringsproces ten gronde door moet: groeien van een liefde voor de ander om alles wat hij of zij aan goed in zich draagt, over een liefde voor de ander op zich, als persoon, om daarmee het goede bij de andere te bevorderen, tot een liefde voor de andere zelfs in zijn fouten, tekorten en zonden. Het failliet van vele huwelijken ligt juist in het feit dat de liefde stopt bij de eerste fase en strandt wanneer het goede van de andere niet meer zichtbaar of voelbaar is, of zelfs wanneer louter uiterlijke verschijningsvormen het niet meer doen.

De liefde gaat ook in tegen de natuurlijke ingesteldheid van de mens om zijn eigen vrijheid te vrijwaren en zich als individu in te kapselen. De mens leeft in een tweespalt zich enerzijds volledig te richten op de ontwikkeling van zijn eigen individu, wat vandaag heel dikwijls wordt gepromoot, en anderzijds zijn persoon te ontwikkelen in relatie en juist dank zij relaties met anderen. Het is de liefde die deze tweespalt zal doorbreken en de mens openen om van het individu-zijn naar het persoon-zijn open te bloeien. De mens vindt zijn ware existentie juist in het zich open stellen voor de andere, in het zich geven en zich inzetten voor het welzijn, het goede van de andere, hetgeen door het liefdesverlangen wordt gevoed. Levinas heeft dit proces in de mens zeer scherp ontwikkeld in zijn filosofie van het gelaat: 'Het gelaat van de andere stelt me voor een ethisch imperatief': ik heb de mogelijkheid, noem het vrijheid, me af te keren van dit gelaat dat ik gewild of ongewild ontmoet, maar als mens heb ik de plicht met die andere rekening te houden, een stop te zetten op mijn individualistische zelfbetrokkenheid, me voor die andere in te zetten, hem te vragen wat ik voor hem kan doen, en het goede bij die andere te bevorderen (5). Dit is het werk van de liefde.

Iedere mens heeft in zich het verlangen om deze liefde te ontwikkelen, te laten groeien in zijn relaties met de anderen. Spontaan voelt de mens zich aangetrokken tot bepaalde medemensen, met wie hij een vriendschapsliefde kan ontwikkelen. Deze vriendschapsliefde of philia is een gevoelsaangelegenheid die begint met sympathie voor een concrete andere en die vanuit een wilsact kan uitgroeien tot vriendschap.

Het liefdesgebod roept ons op om iedereen zonder onderscheid lief te hebben, zelfs onze zogenaamde vijanden. Dat gaat in tegen het gevoel, want 'vijanden' kan men spontaan niet liefhebben, maar zal men spontaan haten. Hieruit blijkt dat de universele naastenliefde of de caritas iets anders is, van een andere natuur dan de spontane vriendschapsliefde. Vandaar dat men ook spreekt van een liefdesgebod, een gebod dat geen uitzonderingen toelaat en ons voortdurend aanzet om het spontane verlangen om lief te hebben dat gebaseerd is op aantrekking, te overstijgen en de weerstanden die men ten opzichte van bepaalde personen ondervindt opzij te schuiven. Van deze liefde wordt gezegd dat ze onvoorwaardelijk moet zijn, niet op wederkerigheid gericht, radicaal zoals alleen de liefde van God radicaal kan worden genoemd. Om de universele naastenliefde te kunnen beoefenen, heeft men nood aan de inspiratie van de goddelijke liefde en de stimulatie van de vriendschapsliefde.

De liefde tot een medemens kan ook een exclusief karakter krijgen, waarbij men zich volledig wil wegschenken in de liefde aan één persoon, en dit met zijn ganse persoon-zijn. Het huwelijk is het prototype van deze exclusieve liefde, die weliswaar de liefde voor God en de anderen niet uitsluit, maar wel insluit. De erotische, sensuele liefde die hier tot volle ontplooiing kan en mag komen en de diepste roerselen van de persoon beweegt vraagt juist om exclusiviteit en duurzaamheid. Het is met het meest innige van het persoon-zijn dat men naar de andere gaat, dat men zich opent voor de andere en waarmee ook de andere zich opent. In de man-vrouw-relatie binnen het monogame huwelijk wordt de persoon in zijn volle existentie gevormd, aangevuld, tot vollediger mens gemaakt. De man en de vrouw, die uit mekaar zijn geschapen, worden opnieuw tot eenheid gebracht. De mens wordt in het huwelijk herschapen in zijn originaliteit, hij gaat terug naar zijn oorsprong.

Maar ook in het godgewijde celibaat gaat het over deze zelfde exclusiviteit in de liefde, ditmaal naar God gericht, die de liefde voor anderen eveneens niet uitsluit maar juist insluit en bijzondere kleur geeft. Hierbij zoekt de mens zich te verenigen met God die hem geschapen heeft naar zijn beeld en gelijkenis. In deze exclusieve godsliefde die men aangaat als antwoord op het exclusieve aanbod van God, gaat de mens als het ware terug naar zijn oorsprong en verwijst reeds naar zijn bestemming: God. Wat men in het huwelijk als het ware zal en wil beleven op een intermediaire wijze in de exclusieve binding met de echtgenoot, wordt door de godgewijde celibatair op een meer directe wijze beleefd: telkens gaat het om het antwoord op de vraag om exclusief lief te hebben en vanuit deze exclusieve liefde iedereen lief te hebben. Het meer directe houdt geen waardebepaling in tegenover het intermediaire, maar het zijn gewoon twee vormen die evenwaardig zijn en beide alles met de liefde te maken hebben en slechts te begrijpen zijn in en door de liefde.

1.3. Besluit

Het godgewijde celibaat, waarover deze studie gaat, kadert in de liefde en is uitdrukking van liefde. Het godgewijde celibaat zal dan ook steeds de liefde moeten bevorderen, en zeker niet inperken zoals door sommigen verkeerdelijk wordt beweerd. Wel is het zo dat bepaalde uitingsvormen van liefde geen plaats hebben binnen het godgewijde celibaat, zonder dat aan de liefde als dusdanig geraakt wordt. Zo zal de eros binnen het huwelijk een andere vorm aannemen dan binnen het godgewijde celibaat. Maar binnen de exclusieve liefdesrelatie zal de ganse persoon betrokken worden en zal men sensueel liefhebben, binnen het huwelijk de partner en binnen het godgewijde celibaat God zelf. Indien binnen het godgewijde celibaat dit sensuele ontbreekt, dan ontbreekt een heel belangrijk element in de liefde. Het wordt dan een louter rationeel gebeuren, wat voor een tijd een leefbaar motief kan zijn, maar dat op termijn en in crisismomenten de aanvang kan zijn van de afbrokkeling van het vooropgestelde ideaal.

Noten

1. Benedictus XVI, Deus caritas est. Kerkelijke documentatie, Utrecht, RKK, 2006, nr. 15.
   Van Bavel, T.J., Augustinus: van liefde en vriendschap. Averbode, Altiora, 1986, pp. 168.
   Benedictus XVI, o.c.
2. Wojtyla, Karol, Love and responsibility. San Francisco, Ignatius Press, 1993, pp. 319.
3. Bouckaert, Luc, Emmanuel Levinas, een filosofie van het gelaat. Leuven Acco, 1983, pp. 141.

2. Bijbelse gronden van seksualiteit, celibaat en zuiverheid

Wanneer we de bijbel doorlopen, dan vinden we maar weinig teksten die een klaar beeld geven over het concept 'seksualiteit'. In zijn encycliek 'Deus Caritas est' haalt Paus Benedictus XVI aan dat in het Oude Testament het woord 'eros' slechts tweemaal gebruikt wordt, terwijl het in het Nieuwe Testament helemaal niet voorkomt (1). Volgens de Paus waren de joden hevig gekant tegen de vergoddelijking van de eros zoals deze o.a. bij de Grieken voorkwam en zich uitdrukte in allerlei vruchtbaarheidsrituelen en verheerlijking van de goddelijke kracht van de seksualiteit.

Verder vindt men geen absolute normen over de seksualiteitsbeleving noch een systematische presentatie hoe men met de eros moet omgaan. De bijbel is natuurlijk geen moreel noch ethisch handboek.

Maar toch kunnen we een aantal algemene oriëntaties halen die ons kunnen helpen om de visie van het joodse volk en van Jezus en zijn directe volgelingen (vooral bij Paulus) over seksualiteit, celibaat en zuiverheid beter te leren kennen.

2.1. Het Oude Testament

2.1.1. Het boek Genesis

In het scheppingsverhaal ontvangen we onrechtstreeks een boodschap over de plaats van de seksualiteit bij de mens. De mens, gemaakt naar het beeld en de gelijkenis van God (Gen. 1, 26), 'mannelijk en vrouwelijk schiep Hij hen' (Gen. 1, 27), krijgt de opdracht om vruchtbaar te zijn en zich te vermenigvuldigen (Gen. 1, 28).

In deze paar zinnen wordt een duidelijke oriëntatie meegegeven over de mens, zijn existentie en zijn seksualiteit.

Er is geen dualiteit tussen het lichaam en de ziel, want er wordt onmiddellijk gesproken over de hele persoon als een eenheid tussen lichaam en ziel, geschapen naar het beeld en de gelijkenis van God. Het leven wordt ontvangen door God, die 'de mens boetseerde uit stof dat Hij van de aarde nam, en Hij blies hem de levensadem in de neus: zo werd de mens een levend wezen' (Gen. 2, 7). God gebruikt materie van de aarde om de mens te boetseren, maar Hij vergoddelijkt de materie door hem de levensadem in te blazen. Hiermee wordt onze menselijke natuur verheven, opgetild door God, waardig bevonden om er zijn levensadem aan te schenken.

Er bestaat ook geen wezenlijk onderscheid tussen man en vrouw in het scheppingsverhaal: beiden worden gezien als beeld en gelijkenis van God, God die zich boven de geslachten stelt en hen in het eerste verhaal samen schept en in het tweede verhaal de vrouw vanuit de man laat ontstaan. Met deze 'correctie' treedt de auteur van Genesis in de lijn van de andere culturen waarbij men de band tussen man en vrouw op gelijkaardige wijze probeert te duiden. Zo beschreef Plato in een mythe dat de mens in oorsprong bolvormig was, geheel op zichzelf gericht en zelfgenoegzaam, maar dat hij als straf voor zijn hoogmoed door Zeus werd gehalveerd, zodat hij nu voortdurend naar de andere helft van zichzelf verlangt (aangehaald in 'Deus Caritas est' nr.11). Het element 'straf' vinden we niet terug in de bijbel, maar wel de gedachte dat de mens als het ware onvolledig is en van nature op zoek gaat naar zijn wederhelft: 'Daarom zal een mens zijn vader en moeder verlaten en zich hechten aan zijn vrouw, en die twee zullen één zijn' (Gen. 2, 24). In 'Deus Caritas est' trekt Paus Benedictus twee besluiten uit dit verhaal: 'Deze profetie heeft twee belangrijke aspecten. Eros is als het ware van nature in de mens zelf verankerd. Adam is op zoek en 'verlaat zijn vader en moeder' om de vrouw te vinden; alleen samen vertegenwoordigen zij de hele mensheid, worden samen 'één vlees'. Het tweede is niet minder belangrijk. Eros verwijst vanaf de schepping naar het huwelijk, naar een verbintenis die uniek en onherroepelijk is. Zo en alleen zo beantwoordt hij aan zijn diepe doel. Het monogame huwelijk stemt overeen met het monotheïstisch godsbeeld. Het op exclusieve en onherroepelijke liefde berustende huwelijk wordt tot beeld van de verhouding tussen God en zijn volk en omgekeerd: de wijze waarop God liefheeft wordt tot maatstaf voor de menselijke liefde' (nr.11).

Het is niet goed dat de mens alleen blijft (Gen. 2, 18), en zo wordt de eros ingeplant opdat de mens zijn sociale en relationele natuur zou ontwikkelen, die tevens gericht is op de vruchtbaarheid, waarin de mens gaat delen in de scheppingskracht van God.

De seksualiteit in het scheppingsverhaal is van goddelijke oorsprong, maar wordt helemaal niet vergoddelijkt zoals in de andere culturen. Voor het joodse volk is dat echt een desoriëntatie van de menselijke seksualiteit.

2.1.2 Visie op reinheid in de Tora en andere voorschriften

In Leviticus, het boek dat de Wet van Mozes bevat, worden verschillende hoofdstukken gewijd aan de reinheidsrituelen, die bij de joden zeer belangrijk werden. Opvallend zijn de strenge reinheidsvoorschriften rond de geboorte, rond het hebben van een zaaduitstorting en menstruatie, en bij geslachtsziekten. Na de geboorte is de vrouw onrein: drieëndertig dagen na de geboorte van een jongen en zesenzestig dagen na de geboorte van een meisje (Lev. 12, 1-8). Zowel bij een huidziekte als bij de toen gekende geslachtsziekte (de druiper) gelden zeer strenge reinigingsmaatregelen, en het is opvallend dat een bijna onzichtbare overgang wordt gemaakt naar de maatregelen te nemen bij een zaaduitstorting en menstruatie. 'Wanneer een man een zaaduitstorting heeft gehad, moet hij zijn hele lichaam wassen; hij is tot de avond onrein' (Lev. 15, 16). 'Wanneer een vrouw een vloeiing heeft en het is de bloeding van haar menstruatie, dan is ze zeven dagen onrein. Ieder die haar aanraakt, is tot de avond onrein' (Lev. 15, 19). Bij de profeten vinden we verschillende uitspraken die de zogezegde onreinen de toegang tot de eredienst weigeren. Alles wat met de geboorte, de voortplanting en de dood te maken heeft boezemt de Israëliet een vrees in, want de mens komt op die ogenblikken in contact met mysterieuze krachten en dit maakt hem onwaardig om de eredienst te verrichten, tenzij een reinigingsritueel wordt verricht.

Het bedekken van de geslachtsdelen werd reeds vanuit het scheppingsverhaal als een norm aangebracht en verbonden met de zondeval. 'Maar de Heer God riep de mens en vroeg hem: 'Waar ben je?' Hij antwoordde: 'Ik hoorde U in de tuin, en toen werd ik bang omdat ik naakt ben; daarom heb ik mij verborgen'.... En de Heer God maakte kleren van huiden voor de mens en zijn vrouw en kleedde hen ermee' (Gen. 3, 9-10, 21). Het is God zelf die de mens kleren geeft om zijn naaktheid te bedekken. Wanneer enige hoofdstukken verder Noach in dronkenschap naakt in zijn tent ligt, wordt de taboe door Cham doorbroken door met zijn naaktheid te lachen, hetgeen hersteld wordt door de twee andere zonen Sem en Jafet: 'Maar Sem en Jafet haalden een mantel, legden die op hun schouders, liepen achteruit en bedekten met afgewend gelaat de naaktheid van hun vader, zodat zij de naaktheid van hun vader niet zagen' (Gen. 9, 23). Naaktheid wordt een teken van vernedering, en het zijn de oorlogsgevangenen die als vernedering naakt moesten verschijnen. 'De koning van Assur zal hen allemaal, jong en oud, als krijgsgevangenen en ballingen wegvoeren, naakt en blootsvoets en met ontbloot achterste, tot schande van Egypte' (Jes. 20, 4).

Deuteronomium bepaalt dat een vrouw geen mannenkleren mag dragen en een man geen vrouwenkleren (verbod op travestie) (Deut. 22, 5), in Leviticus vinden we duidelijke bepalingen tegen incest: 'Niemand van u mag een bloedverwant naderen om zijn schaamte te ontbloten. De schaamte van uw vader en de schaamte van uw moeder mag u niet ontbloten...' (Lev. 18, 6-18), maar ook overspel wordt afgewezen: 'U mag geen gemeenschap hebben met een vrouw van uw naaste' (Lev. 18, 20), en eveneens homoseksualiteit: 'Met een man mag u geen omgang hebben zoals met een vrouw; dat is een gruwel' (Lev.18, 22). En de lijst wordt afgesloten met de afwijzing van bestialiteit: 'Met geen enkel dier mag u geslachtsgemeenschap hebben en u zo verontreinigen' (Lev. 18, 23).

We zien dus duidelijk dat in het Oude Testament de seksualiteitsbeleving in lijn wordt gebracht met het beeld dat in het scheppingsverhaal werd voorgesteld: de seksualiteit als kracht om te groeien als relationeel wezen en gave van God aan de mens om vruchtbaar te zijn en zich te vermenigvuldigen. We horen er reeds de belofte van God gedaan aan Abraham: 'Kijk naar de hemel en tel de sterren, als u kunt. Zo talrijk zal uw nageslacht zijn' (Gen. 15, 5), een belofte die voortdurend herhaald wordt: 'Uw nakomelingen zal Ik zeer talrijk maken, zo talrijk dat zij niet meer te tellen zijn' (Gen. 16, 10).

2.1.3 De ode aan de liefde in het Hooglied

Het Hooglied vormt in de reeks boeken van het Oude Testament wel een uitzondering, daar het overwegend gaat over de verliefdheid van twee personen die hartstochtelijk naar mekaar op zoek zijn. Eigenlijk dienen we het Hooglied te zien als het middenpaneel van een triptiek over de menselijke liefde, waarbij het eerste paneel het verhaal van Eden is waar de menselijke liefde in haar puurheid werd geschapen. 'Ze voelden geen schaamte voor elkaar' (Gen. 2, 25). De schepping is nog intact en de menselijke liefde verschijnt er in zijn ongecorrupteerde vorm. Op het derde paneel verschijnt de bruiloft van het Lam, waar het mysterie van het kwaad wordt overwonnen, en waarbij de menselijke liefde wordt herschapen, hersteld. Tussen deze twee panelen bevindt zich het middenpaneel waar de liefde beschreven wordt zoals ze nu wordt ervaren, geschonden maar verlangend naar het herstel en de voltooiing (2).

We willen nu dit middenpaneel van naderbij beschouwen om er meer over de visie op de menselijke liefde te leren zoals deze in Israël werd gezien.

Wat is opvallend?

Vooreerst is er een zeer positieve beschrijving van het lichaam van de man en de vrouw. ‘Wat ben je mooi, mijn vriendin, wat ben je mooi. Je ogen achter je sluier zijn duiven; je lokken zijn als een kudde geiten die omlaag komen van Gileads bergen. Je tanden zijn als een kudde schapen die pas geschoren uit de wasplaats komen, twee aan twee, en geen enkele is alleen. Je lippen zijn een lint van purper, je mond is zo bekoorlijk, je wangen achter je sluier zijn als het hart van een granaatappel...’ (Hooglied 4, 1-3). En over de man: ‘Zijn hoofd is van het zuiverste goud, zijn lokken zijn borstelig, ravenzwart. Zijn ogen zijn als duiven bij stromende beken, die zich wassen in melk en baden in overvloed... Zijn armen zijn staven van goud, met chrysoliet bezet; zijn lichaam is van gepolijst ivoor, afgezet met saffieren...’ (Hooglied 5, 11-16). Het is een ware verheerlijking van het lichaam door God geschapen, echt naar zijn beeld en gelijkenis.

In Eden is de ervaring van de menselijke liefde transparant (er is geen schaamte) en is er een perfecte integriteit van het koppel, dat echt uit en voor mekaar geschapen is, gericht op volstrekte eenheid vanuit de eigenheid. In het Hooglied ligt de klemtoon meer op het naar mekaar verlangen, het mekaar zoeken en de vrees mekaar opnieuw te verliezen. De eenheid die in Eden aanwezig was als een goddelijke orde, is in het Hooglied een opgave geworden.

De liefde roept op om de andere te zoeken, niet het eigen genot, maar wel het welzijn van de andere. Het egoïstische verlangen naar de andere moet uitgezuiverd worden tot een geven aan de andere in de liefde die finaal sterker is dan de dood (Hooglied 8, 6).

De liefde engageert de ganse persoon, lichaam en geest. Het is de geest die het lichaam in beweging zet. ‘Eros en agape laten zich nooit helemaal van elkaar scheiden. Het element agape doet zijn intrede, anders raakt eros in verval en verliest ook zijn eigen wezen' (Deus Caritas est, nr. 7).

In de Encycliek wordt gewezen naar het woordgebruik om de liefde aan te duiden en waarin een evolutie, een groei te onderscheiden is. 'Daar is het eerste woord 'dodim' – een meervoud dat de nog onzekere, onbestemd zoekende liefde aanduidt. Dit woord wordt later opgevolgd door 'ahaba', dat in de Griekse vertaling van het Oude Testament met agape vertaald wordt, dat er qua klank op lijkt en het kenmerkende woord voor het bijbelse begrip van liefde geworden is. In tegenstelling tot de nog zoekende en onbestemde liefde wordt daarmee het ervaren van liefde uitgedrukt, de werkelijke ontdekking van de ander en daarmee het overwinnen van de zelfzucht, die eerder nog de boventoon voerde. Liefde wordt nu zorg om en voor de ander. Ze zoekt zichzelf niet meer – het verzinken in de bedwelming van het geluk – ze wil het goede voor de geliefde, ze wordt onthouding, ze wordt offerbereid, ja ze wil zelfs offers brengen' (Deus Caritas est, nr. 6).

In het Hooglied wordt ook aangegeven dat men met de liefde voorzichtig moet zijn. 'Wek de liefde niet, maar laat haar sluimeren zolang ze wil' (Hooglied 2, 7). De liefde is inderdaad verbonden aan een passie, en deze passie kan zo overweldigend worden dat ze de liefde versmacht, verwoest.

Het einde is heel sterk: 'Draag mij als een zegel op je hart, als een zegel aan je arm: want de liefde is sterk als de dood, met de onverbiddelijkheid van het dodenrijk sluit zij ieder ander buiten. Haar vonken zijn bliksemschichten, vlammen van de Heer. Geen stortvloed van water kan de liefde blussen, geen rivier spoelt haar weg. Al bood iemand alles wat hij bezit voor de liefde, men zou hem met verachting afwijzen' (Hooglied 8, 6-7). Hier wordt nogmaals het overweldigende van de liefde beschreven, een liefde die alles inneemt. Maar ook dit kan opnieuw zowel positief als negatief geïnterpreteerd worden, of hoe het passionele zowel tot een positieve opbouwende kracht als tot een negatieve afbrekende kracht kan uitgroeien in het leven. We horen in deze tekst reeds Paulus die in dezelfde lijn zal spreken over de liefde: 'Ik ben ervan overtuigd, dat noch de dood noch het leven, noch engelen noch machten, noch wat is noch wat komt, geen macht in den hoge of in de diepte, noch enig ander schepsel, ons zal kunnen scheiden van de liefde van God, die in Christus Jezus onze Heer is' (Rom. 8, 38-39). Paulus verwijst reeds naar het derde paneel, dit van de bruiloft van het Lam, dat de liefde in zijn oorspronkelijke puurheid en grootsheid heeft hersteld. 'Als ik de liefde niet heb, ben ik niets' (1 Kor. 13, 2) is dan ook het besluit van zijn hooglied op de liefde.

Het Hooglied is een sterk boek waarin een treffende, positieve en tegelijk realistische, beschrijving wordt gegeven van de menselijke liefde, als eros gegroeid vanuit de agape en verlangend om opnieuw één te worden met de agape.

2.1.4. Visie op het huwelijk en de maagdelijkheid

Vanuit de initiële gelijkheid tussen man en vrouw die we toch in het eerste hoofdstuk van Genesis konden ontwaren, verschijnt al vlug het beeld van de vader die het hoofd is van de familie, typisch voor een patriarchale maatschappij. Het is de man die de bruidsschat betaalt (Gen. 24), en de vrouw wordt als eigendom beschouwd van de man: 'U zult uw zinnen niet zetten op het huis van uw naaste; u zult uw zinnen niet zetten op de vrouw van uw naaste, niet op zijn slaaf, zijn slavin, zijn rund of zijn ezel, op niets wat hem toebehoort' (Ex.20, 17). Maar toch verlaat de man zijn ouders om zich te hechten aan zijn vrouw (Gen.2, 24) en ontmoeten we belangrijke vrouwen in het Oude Testament. Is Jezus Sirach eerder negatief in zijn beschrijving van de vrouw (o.a. 'Bij een vrouw is de zonde begonnen en door haar moeten we allen sterven' (Sir. 25, 24)), Deuteronomium vaardigt maatregelen uit om de vrouw tegen de wispelturigheid van de man te beschermen (Deut.22, 13-19).

Wordt het huwelijk vooral gezien als gericht op de procreatie, de bijbel onthoudt ons niet, naast het Hooglied, een aantal romantische taferelen waar de liefde tussen man en vrouw worden beschreven: Abraham en Sara, Jacob en Rachel, de verhalen van Ester, Ruth en Judith.

Bij de profeten zien we een evolutie dat het huwelijk wordt gebruikt als beeld van het verbond en de liefde van God voor zijn volk Israël. 'Ik neem u als mijn bruid, voor altijd, als mijn bruid, in recht en gerechtigheid, in goedheid en mededogen, als mijn bruid, in trouw: dan zult u de Heer leren kennen' (Hos. 2, 21-22). Heel de ontrouw van het volk wordt beschreven in termen van overspel, van ontrouw in het huwelijk. 'In de tijd van koning Josia zei de Heer tegen mij: 'Hebt u gezien wat Israël, de afvallige, gedaan heeft? Hoe ze op de bergen bij elke groene boom ontucht heeft bedreven? Ik dacht: als ze van dat alles genoeg heeft, komt ze wel bij Mij terug. Maar ze is niet gekomen' (Jer. 3, 6-7).

Geleidelijk aan zien we ook dat de zuiverheid meer een zaak van het hart wordt, een moreel concept. 'Wat heb Ik aan al uw offers, zegt de Heer. Ik ben verzadigd van de brandoffers van uw rammen en van het vet van uw mestkalveren.... Was u, reinig u. Uit mijn ogen met uw misdaden. Houd op met kwaad doen. Leer liever het goede doen, betracht rechtvaardigheid, help de verdrukten, verschaf recht aan de wezen, verdedig de weduwen' (Jes. 1,11, 16-17). 'Heer, wie mag gast zijn in uw tent? Wie mag op uw heilige berg verblijven? Degene die vrij is van schuld, en gerechtigheid beoefent en in zijn hart op trouw bedacht is' (Ps.15). Jezus zal deze zuiverheid van hart als een summum van zaligheid beschrijven: 'Gelukkig die zuiver zijn van hart, want zij zullen God zien' (Mt. 5, 8).

In heel het Oude Testament wordt het celibaat niet vermeld als mogelijkheid om zichzelf te realiseren. Slechts op het einde is er een tendens om ook aan de maagdelijkheid een plaats te geven, maar dan meer om ascetische overwegingen, zoals de Esseners die beleefden om de komst van de Verlosser te bespoedigen.

Zij die als maagd moeten sterven worden beweend, zoals in het verhaal van Jefta die bij eed zijn enige dochter moet opofferen: 'Ik vraag u alleen nog deze gunst: geef mij twee maanden om met mijn vriendinnen de bergen in de gaan en daar te rouwen omdat ik als maagd moet sterven' (Re. 11, 37). Jeremia wordt opgedragen niet te huwen als teken dat het land op sterven na dood is (Jer. 16, 1-5), maar begrijpt deze opdracht ook als een weg om helemaal aan God toe te behoren. 'Heer, U hebt mij verleid, ik ben bezweken, U was te sterk voor mij' (Jer. 20, 7).

2.2. Het Nieuwe Testament

2.2.2 De attitude van Jezus ten aanzien van de seksualiteit

Jezus ontwikkelde geen nieuwe ethiek op het vlak van de seksualiteitsbeleving, maar gaf toch een aantal nieuwe klemtonen en plaatste alles onder de primauteit van de liefde.

Jezus neemt de verdediging op zich van de zondaars en de verdrukten, zij die niet meetellen in de toenmalige maatschappij. Herhaaldelijk zien we in de evangeliën hoe Jezus met hen aan tafel gaat, hen bij zich laat komen en hen verdedigt tegen de veroordeling van de Farizeeën. Nergens blijkt bij Jezus nog de ongelijkheid tussen man en vrouw, en zowel mannen als vrouwen worden de personages van zijn parabels. Heel opvallend is de wijze waarop Hij omgaat met vrouwen. Het gesprek met de Samaritaanse deed de leerlingen verwonderd afvragen waarom Hij zich inliet met deze vrouw. 'Het verwonderde hen dat Hij in gesprek was met een vrouw' (Jo. 4, 27). In het gezelschap van Jezus bevinden zich ook vrouwen, en sommigen van hen worden in zijn vriendenkring opgenomen. 'De twaalf vergezelden Hem, en ook enkele vrouwen, die van boze geesten en ziekten genezen waren – Maria van Magdala, uit wie zeven demonen waren weggegaan' (Lc. 8, 1-2). 'Op hun reis ging Hij een dorp in. Een vrouw, Marta genaamd, ontving Hem. Zij had een zuster die Maria heette. Die kwam aan de voeten van de Heer zitten en luisteren naar zijn woorden' (Lc. 10, 38-39). Het verhaal van de overspelige vrouw is het prototype van de fundamentele houding waarbij de vergeving van de persoon altijd moet primeren op de veroordeling van de feiten (Jo. 8, 1-11).

Over de scheiding is Hij duidelijk. 'Omdat u verstokt van hart bent, heeft Mozes u dat voorgeschreven. Maar vanaf het begin van de schepping heeft Hij hen mannelijk en vrouwelijk gemaakt. Daarom zal een mens zijn vader en moeder verlaten en zich hechten aan zijn vrouw, en die twee zullen één zijn. Ze zijn dus niet meer twee, maar één. Dus: wat God heeft verbonden, moet de mens niet scheiden' (Mc.10, 5-9). De begeerte wordt reeds op het niveau van de echtbreuk geplaatst: 'Jullie hebben gehoord dat er gezegd is: U zult geen echtbreuk plegen. Maar ik zeg jullie: ieder die begerig naar een vrouw kijkt, heeft in zijn hart al echtbreuk met haar gepleegd' (Mt.5, 27-28). Jezus verinwendigt hier duidelijk de wijze waarop met de passie wordt omgegaan.

Trouw komt bij Jezus op de eerste plaats te staan, en het is een trouw die baadt in de liefde. Alles, ook de seksuele ethiek, komt te staan onder het dubbele liefdesgebod dat de kern wordt van Jezus' boodschap. Omwille van de liefde wordt veel vergeven: 'Daarom zeg Ik u dat haar vele zonden vergeven zijn, getuige haar grote liefde. Maar wie weinig wordt vergeven, heeft weinig liefde' (Lc. 7, 47).

2.2.3. Het celibaat bij Jezus

Vanuit zijn eigen levenswijze toont Jezus aan zijn omstanders wat het betekent volledig te leven voor de Vader en de komst van zijn Rijk. Hij heeft geen steen om zijn hoofd te laten rusten. 'De vossen hebben een hol, en de vogels van de hemel een nest, maar de Mensenzoon kan nergens het hoofd neerleggen' (Mt. 8, 20). Jezus toont hoe de inzet voor het Rijk Gods iemand totaal kan opeisen, waarbij al het andere gerelativeerd wordt, zelfs wat normaal zeer dierbaar is: het huwelijk, het bezit, de mogelijkheid om zijn eigen leven in te richten. Door zo te spreken over het huwelijk moet Jezus echt tegen de haren van de joden in hebben gestreken. Daarmee geeft Hij ook een totaal nieuw elan aan het celibaat omwille van het Koninkrijk. Wat voordien een verbod was, en alleen in het kader van een ascetische levensvorm door een kleine minderheid werd beleefd, wordt bij Jezus plots een levenswijze die hoog wordt geprezen. Dit is radicaal nieuw.

De tekst van Jezus over de eunuchen (Mt. 19, 10-12) en de tekst van Paulus over de seksualiteitsbeleving in het kader van de nieuwe wet (1 Kor. 7) beschrijven de wijze waarop het godgewijde celibaat moet worden geïnterpreteerd.

Jezus verdedigt tegenover de Farizeeën zijn eigen levenswijze als 'eunuch', een scheldwoord dat Hij gebruikt om de radicaliteit van de celibataire levenswijze aan te duiden. 'Er zijn eunuchen die zichzelf zo gemaakt hebben omwille van het koninkrijk der hemelen. Wie dat kan, moet het begrijpen' (Mt.19, 12). Iemand die eunuch is of wordt, is dat voor het hele leven. Er is geen weg meer terug. De zelfgave aan het koninkrijk der hemelen is radicaal en permanent, ingrijpend in de ganse persoon en door de omstanders moeilijk of niet te begrijpen. Binnen het kader van de bespreking van het godgewijde celibaat wordt deze tekst verder ontleed.

Paulus geeft in zijn brief aan de Korintiërs klare richtlijnen over een aantal fundamentele punten, vragen betreffende de seksualiteit en het huwelijk, het gebruik van offervlees en de leer over de charisma's en de opstanding.

De tijd is kort (1 Kor. 7, 29), de wederkomst is in het zicht, daarom is het goed en zelfs best te leven alsof de wederkomst reeds een realiteit is. Het eschatologische is dan ook de grondtoon bij de verklaringen van Paulus over het huwelijk en over de levenswijze die uiteindelijk de beste is. Het huwelijk wordt niet afgewezen, maar gerelativeerd. Naast het huwelijk wordt het celibaat vooropgesteld, in de lijn met de levenswijze van Christus en hetgeen Hij heeft gezegd over het 'eunuch zijn omwille van het koninkrijk der hemelen'. Ook herinnert Paulus eraan dat Jezus heeft gezegd dat er in de hemel niet meer gehuwd wordt (Mc. 12, 25) en dat de ongehuwde minder verdeeld is en zich meer kan toeleggen op de zaken van de Vader (1 Kor. 7, 32).

Ook in andere Nieuw-Testamentische teksten wordt het celibaat omwille van het koninkrijk der hemelen voorgesteld en verdedigd.

De Synoptici geven ieder op hun wijze de woorden weer van Jezus waarin Hij de voorwaarden aangeeft die nodig zijn om Hem van meer nabij te volgen. Matteüs geeft de lijst van allen die men moet verlaten omwille van Jezus, maar gaat niet zo ver als Lucas die ook de eigen vrouw in de lijst opneemt. Wat bij Lucas het koninkrijk van God heet, wordt bij Matteüs gewoon door de naam van Jezus zelf vervangen. Met de komst van Jezus is het Rijk van God inderdaad verschenen. 'Ieder die zijn huizen, broers, zusters, vader, moeder, kinderen of landerijen heeft achtergelaten omwille van mijn naam, zal het honderdvoud daarvan krijgen en deel hebben aan het eeuwig leven. Vaak zullen de eersten de laatsten zijn en de laatsten de eersten' (Mt. 19, 29-30). 'Hij zei tegen hen: 'Ik verzeker jullie, er is niemand die zijn huis, zijn vrouw, broers en zusters, ouders en kinderen heeft achtergelaten omwille van het koninkrijk van God, of hij krijgt dat in deze tijd veelvoudig vergoed, en in de komende wereld krijgt hij het eeuwig leven' (Lc. 18, 29-30).

Verwijzend naar de toestand na de verrijzenis stelt Jezus: 'De kinderen van deze wereld huwen en worden uitgehuwelijkt, maar zij die waardig zijn bevonden deel te krijgen aan de andere wereld en aan de opstanding uit de doden, huwen niet en worden niet uitgehuwelijkt. Zij kunnen immers niet meer sterven, want ze zijn aan engelen gelijk, en als kinderen van de opstanding zijn het kinderen van God' (Lc.20, 34-36). Het huwelijk verliest hier zijn definitieve en absolute realiteit.

In het laatste boek van het Nieuwe Testament wordt uitdrukkelijk gesproken over de maagden in het kader van het celibaat omwille van het Koninkrijk. Het zijn de maagden die het Lam omringen: 'Niemand kon het lied leren behalve de honderdvierenveertigduizend, die van de aarde zijn vrijgekocht. Zij zijn het die zich niet met vrouwen hebben bevlekt, maar maagdelijk zijn gebleven; zij volgen het lam waarheen het ook gaat. Zij zijn vrijgekocht als de eerstelingen van de mensheid, voor God en het lam. In hun mond is geen leugen gevonden: zij zijn zonder smet' (Ap.14, 3-5). Sterk is de tekst: 'zij volgen het lam waarheen het ook gaat', hetgeen de volledige toewijding aan God en zijn Koninkrijk uitdrukt.

2.3. Besluit

Doorheen de lectuur van het Nieuwe Testament zien we hoe geleidelijk maar zeker een nieuwe visie ontstaat op het celibaat, voorgesteld als een nieuwe, positieve mogelijkheid om zijn leven uit te bouwen. Het wordt niet in oppositie met het huwelijk geplaatst, maar het relativeert de absoluutheid van het huwelijk als enige levenskeuze. Het celibaat wordt gekozen omwille van het Rijk, en er is geen ascetisch element noch rituele reinheidsvoorschrift aanwezig. Het is volledig gericht op het perspectief van de eschatologie, dat heel sterk naar voren komt bij Paulus. Het 'wie dat kan, moet het begrijpen' (Mt. 19, 12), dient gezien te worden in het licht van het charisma, de genade, de roeping die sommigen ontvangen om godgewijd celibatair te leven.

In de vroege teksten van de Kerkvaders zien we geleidelijk een evolutie ontstaan, als mogelijk verweer tegen een seksuele verwording en ook als reactie tegen allerlei ketterijen die de kop opstaken. Er ontstaat een rigoureuze ascese, waarbij de seksuele onthouding een deugd op zich wordt, en een zeker dualisme doet zijn intrede, zeker onder de invloed van bepaalde heresieën die moeite hadden om het lichaam als een goed te beschouwen. Deze visie steeg ten top bij de Catharen die het lichaam helemaal afzworen, en daarmee ook de incarnatie. Tegelijk zien we ook een soort dubbele moraal ontstaan: een moraal voor de gewone christenen, de gehuwden, en een moraal voor hen die een hoger leven aspireerden, overwegend priesters en religieuzen (3). Veel religieuze en mystieke werken in de middeleeuwen zijn geschreven door en voor priesters en religieuzen en ontwikkelen een spiritualiteit die alleen voor een elite bereikbaar is. Tot op vandaag zijn resten van dit dualisme op verschillende niveaus latent aanwezig en beïnvloeden nog steeds ons denken over huwelijk, celibaat, seksualiteit.

Noten:

1. Benedictus XVI, Paus, Deus Caritas est. Encycliek. Utrecht, Kerkelijke documentatie, 2006, pp.34.
2. Atkinson, Joseph, The revelation of love in the Song of Songs, in « The way of love ». San Francisco, Ignatius Press, 2006, p. 123 – 136.
3. Orduna, Carlos, Le celibat évangélique dans le contexte africain. Minerva ed., 1995, p. 71 – 117.

3. Christelijke visie op seksualiteit

Doorheen de tijden is er binnen de katholieke kerk een ganse evolutie geweest in de visie op seksualiteit. Deze visie heeft de houding en het gedrag van mensen, zowel binnen het huwelijk als binnen de godgewijde levensstaat sterk bepaald. Het is slechts bij het tweede Vaticaans Concilie dat er een doorbraak kwam van een vernieuwde visie die zowel theologisch werd onderbouwd als pastoraal werd begeleid. De primauteit die gegeven werd aan het procreatieve element in de seksualiteit en de band die gelegd werd tussen seksualiteit en zonde hebben eeuwen de seksuele ethiek bepaald. We willen dan ook kort ingaan op de evolutie in het denken over seksualiteit en stilstaan bij de vernieuwde visie zoals deze door de Concilievaders werd ontwikkeld. Ons denken over het godgewijde celibaat en de gelofte van zuiverheid zal zich binnen deze nieuwe context moeten ontwikkelen.

3.1. Evolutie binnen het christelijke denken over de seksualiteit

Binnen de christelijke traditie zijn het vooral Paulus en Augustinus die een duidelijke lijn hebben getrokken in het denken over seksualiteit. Ondanks het feit dat Paulus hoogstaande theologische beschouwingen ontwikkelde over het lichaam en het huwelijk, zijn er in zijn theologie tevens negatieve elementen te vinden die later de grond vormden voor een antihedonistische visie op seksualiteit. Zo verkiest hij de ongehuwde staat en verdraagt het huwelijk als een spijtige toegeving aan de menselijke zwakheid of als een onvermijdelijke remedie tegen te sterke seksuele prikkels (1).

Augustinus zal vanuit zijn eigen zoektocht beklemtonen dat er in de seksualiteit een overweldigende en vernietigende kracht aanwezig is die men te allen tijde moet proberen te beheersen, en zal seksuele omgang in het huwelijk eigenlijk slechts excuseren omwille van de procreatieve intentie. Tegelijk zien we bij hem ook een voortdurend zoeken naar een evenwicht door duidelijk te reageren tegen enerzijds alle excessen die op het vlak van de seksualiteit de kop opsteken en anderzijds de visies, noem het ketterijen, die het lichaam beschouwen als het lagere in de mens waaruit al het boze voortvloeit. Het gnosticisme is hierbij wel de sterkste vertegenwoordiger die aan de grondslag ligt van een hardnekkig dualisme dat zijn intrede doet. Het huldigde de visie dat het lichaam het lagere is in de mens en het geestelijke het hogere, waarbij het geestelijke zich moet proberen te bevrijden van de verbondenheid met het lichaam door de 'gnosis', een directe kennis van alle goddelijke en wereldlijke geheimen die ons door Christus zijn gebracht. Het is duidelijk dat in deze gnostische visie de seksualiteit gezien wordt als de samenvatting van al het boze.

De Kerkvaders gingen niet zo ver, maar stelden toch dat het seksuele slechts één doel heeft, namelijk het procreatieve, en dat ieder genot als zondig moet worden afgewezen. Thomas van Aquino zal een drievoudige standaard voor het ethisch oordeel over de seksuele daden ontwikkelen, een standaard die tot in de 20ste eeuw algemeen werd aanvaard: de seksuele daden dienen gesteld te worden volgens het juiste doel (d.w.z. voor de procreatie), met de juiste persoon (met de wettelijke echtgenoot) en op de juiste wijze (binnen een heteroseksuele en coïtale gemeenschap). Alhoewel Luther een positievere visie ontwikkelde naar het huwelijk toe en zelf in het huwelijk trad, bleef ook hij de seksuele act als een recapitulatie van de gevolgen van de zondeval zien. Ook volgens hem kon de huwelijksplicht niet worden volbracht zonder zonde, vermits in de gevallen situatie het seksuele steeds met begeerte en wellust gepaard gaat.

Merkwaardig is ook de wijze dat men de seksuele daden ging beoordelen vanuit het thomistisch onderscheid: volgens de natuur en tegen de natuur.

De zonden 'volgens de natuur' eerbiedigden nog de proceatieve finaliteit van de seksualiteit en werden daarom minder zwaar ingeschat: seksueel verkeer tussen ongehuwden, overspel, incest en verkrachting. De zonden 'tegen de natuur' daarentegen werden als een groter ethisch kwaad beschouwd: masturbatie, homoseksualiteit en bestialiteit. Deze opdeling kan voor ons eigenaardig klinken en ook de verschillen die men aan deze daden hechtte op basis van hun al dan niet gerichtheid op de voortplanting.

Ook de visie op de vrouw bleef over het algemeen eerder negatief. De vrouw werd beschouwd als diegene die de man tot zonde had aangezet, en dit bleef doen, vooral op het vlak van de seksualiteit. Merkwaardig is bv. de Malleus Maleficarum of Heksenhamer, een boek dat door 2 dominicanen werd samengesteld in de 15de eeuw en waarin alle richtlijnen stonden vermeld hoe men bij iemand hekserij kon herkennen. Alleen de vrouw kon heks zijn omdat ze na de zondeval geneigd bleef tot het demonische, terwijl de man van dit fenomeen werd gespaard omwille van het feit dat Jezus een man was.

Maar ook buiten de kerk zien we eenzelfde evolutie ontwikkelen i.v.m. de visie en de houding naar seksualiteit toe die start vanaf de 16de eeuw en haar hoogtepunt vindt in het zogenaamde victoriaanse puritanisme rond 1880. Naaktheid wordt steeds meer als onnatuurlijk beschouwd en over seksualiteit wordt gezwegen. Mannen, vrouwen en ook kinderen worden goed ingeduffeld opdat zo weinig mogelijk bloot zou worden gezien. Masturbatie wordt in medische kringen als een zware afwijking beschouwd, en vooraanstaande geneesheren zoals Dr. Guislain en Dr. Tissot bevestigen dat de effecten van masturbatie zeer erg waren: impotentie, epilepsie, spasmen aan de ledematen, tumoren en andere vormen van krankzinnigheid. We schrijven begin 19de eeuw (2). In de opvoeding wordt ook vanuit 'neutrale' hoek zeer veel klemtoon gelegd op de zelfbeheersing, en niemand minder dan Rousseau zal zeggen dat het geduld oefenen bitter is, maar dat de vruchten zoet zijn. Over het seksuele wordt gezwegen, en zo werden jongeren aanbevolen om bij het douchen een 'badschortje' te gebruiken, teneinde de eigen geslachtsdelen niet te zien.

Het zou dus verkeerd zijn om de antihedonische tendens die eeuwen rond de seksualiteit heeft geheerst, volledig in de schoenen te schuiven van de Kerk. Ook ruim maatschappelijk werd eenzelfde moraal ontwikkeld, weliswaar beïnvloed door de kerkelijke moraal, maar ook vanuit algemeen filosofische hoek gestimuleerd.

Het is binnen deze algemene context dat de zogenaamde seksuele revolutie moet worden gezien. Hetgeen voor eeuwen was onderdrukt, werd losgeslagen en kantelde in een hedonistische triomf. Vrije seks werd gepropageerd in de jaren '60 van de vorige eeuw, een seks als puur middel tot lustbeleving. Nijs formuleerde het in zijn cursus als: 'Er greep een ontwikkeling plaats van het negatieve 'niets mag' naar het opdringerige 'alles moet" (3).

Het hedonisme of het erotisme waarin we momenteel gedompeld zijn en vooral in het Westen blijft zegevieren, en nu ook in de ex-communistische landen furore maakt, is een seksualiteit losgerukt van haar andere dimensies, nl. het relationele, het procreatieve en het institutionele waarmee het recreatieve een geheel moet vormen. Want het zijn deze vier dimensies die ook binnen de Katholieke Kerk op gelijk niveau kwamen te staan hetgeen werd bevestigd tijdens het tweede Vaticaans Concilie in dezelfde '60-er jaren van de vorige eeuw. Het genot, het recreatieve, dat eeuwen werd onderdrukt en als zondig beschouwd, verdrong het alleenoverheersende van het procreatieve in de seksualiteit, maar werd tevens ontdaan van zijn ethische kwaliteit. Tegelijk ondervonden velen hoe leeg en afstompend het genot wordt wanneer het om zichzelf wordt nagestreefd. Frankl bestudeerde dit grondig en stelde dat het direct genotstreven in laatste instantie zichzelf opheft en tot zelfvernietiging leidt. Hoe meer men naar genot streeft, hoe meer men dit genot voorbij zal streven. Juist het zoeken naar genot is wat genot in de weg staat, want de mens verlangt uiteindelijk niet naar het genot op zichzelf, maar naar een reden om te genieten (4).

Teneinde een duidelijk zicht te krijgen op de huidige visie op seksualiteit binnen het christelijke denken, moeten we teruggaan naar het tweede Vaticaans Concilie waar op zijn minst ook een revolutie plaatsgreep binnen dit belangrijk levensterrein.

3.2. De nieuwe visie van het tweede Vaticaans Concilie (1965)

Het tweede Vaticaans Concilie werd door Paus Johannes XXIII samengeroepen om de Kerk bij de tijd te brengen, om te luisteren naar de tekenen van de tijd en daarop nieuwe antwoorden te geven. In zijn openingstoespraak op 11 oktober 1962 riep de paus de 2540 aanwezige bisschoppen op tot 'aggiornamento', het bij het tijd brengen van de Kerk in de verschillende gebieden van het leven. Op 8 december 1965 werd het concilie afgesloten door Paus Paulus VI met de proclamatie van een hele reeks constituties en decreten.

Voor onze studie is de pastorale constitutie 'Gaudium et Spes' van belang die speciaal handelt over de Kerk in de wereld van deze tijd. In het tweede deel wordt het eerste hoofdstuk gewijd aan de 'bevordering van de waardigheid van huwelijk en gezin' en wordt een vernieuwde definitie gegeven van het huwelijk en de plaats van de seksualiteit in het huwelijk.

Tijdens de debatten die aan de publicatie van het document voorafgingen, is een ware strijd gevoerd tussen zij die wensten om de klassieke visie op huwelijk, gezin en seksualiteit te behouden, en zij die een duidelijke oproep deden het huwelijk te plaatsen in de context van een nieuwe tijd. In zijn verslag over de speciale commissie waar Mgr. Heylen in zetelde, stelt Jan Grootaers dat het hoofdstuk over huwelijk en gezin een bevoorrecht moment is geweest waar deze strijd tussen oude en nieuwe opvattingen inzake 'natuur', 'seksualiteit', 'huwelijk' en 'menselijkheid' moest worden gevoerd (5).

In juli 1962 had een commissie een lijvig document opgesteld over het huwelijk en het gezin en over de kuisheid en de maagdelijkheid. Daarin werd de gangbare doctrine zeer scherp geformuleerd, helemaal in de lijn van Casti Connubii (1930) welke de basistekst vormde van voor het Vaticaans Concilie. Daarin werd de dubbele doeleindenleer bevestigd. 'Het huwelijk heeft bovendien in zich, onafhankelijk van de bedoeling van de partners, zijn eigen objectieve doeleinden, door God vastgesteld. Van deze is – zo men aandachtig de goddelijke instelling van het huwelijk zelf, alsook zijn eigen natuur en het Leergezag van de Kerk onder ogen neemt – het eerste doel enkel de voortplanting en de opvoeding van kinderen, zelfs indien het particulier huwelijk niet vruchtbaar is. ... De procreatie is zo primair en overwegend, dat zij van de andere beoogde doeleinden, ofschoon door de natuur aangewezen, niet afhangt, dus met hen niet gelijkgesteld of verward kan worden. De andere objectieve doeleinden, af te leiden uit de aard van het huwelijk zelf maar secundair, zijn de wederzijdse steun en troost in gezinsverband en de zogenaamde remedie tegen de begeerlijkheid. In het huwelijk immers wordt de begeerlijkheid door de huwelijkstrouw in rechte banen geleid en alzo, onderworpen aan de rede, dient zij de kuisheid en wordt zij veredeld. Deze doeleinden op een passende wijze nagestreefd, vormen als het ware de ondergeschikte rechten van het huwelijk en daarom mogen zij, ofschoon secundair, in se niet worden verwaarloosd of geringschat, maar moeten op passende wijze in echte liefde worden bevorderd'.

Het werd een document dat heel veel discussie veroorzaakte en niet minder spanningen. Van Kardinaal Suenens zijn de woorden bekend: 'Hebben wij in het verleden de woorden van de heilige Schrift 'groeit en vermenigvuldigt u' niet overbelicht ten nadele van het 'twee zijn in één vlees'?'

Finaal haalde de nieuwe visie het die de vier dimensies van de menselijke seksualiteit op hetzelfde niveau bracht, m.n. het relationele, het recreatieve, het procreatieve en het institutionele. Het eerste hoofdstuk van het tweede deel van Gaudium et Spes ademde dan ook een totaal nieuwe geest uit. Het huwelijk werd er van patriarchaal voortplantingsinstituut tot een vruchtbare liefdesverhouding tussen man en vrouw (6).

We maken kennis met enige citaten om een duidelijk beeld te hebben van deze nieuwe visie op seksualiteit en huwelijk (7).

‘Door de Schepper gesticht en onder eigen wetten geplaatst, komt de intieme gemeenschap van leven en van echtelijke liefde tot stand door het huwelijksverbond, door een onherroepelijk persoonlijk wederzijds jawoord. ... Het huwelijksinstituut en de huwelijksliefde zijn uiteraard geordend op de gezinsstichting en zij vinden daarin als het ware hun bekroning. Door het huwelijksverbond ‘niet langer twee, maar één vlees geworden’ (Mt.19, 6), verlenen aldus man en vrouw door hun intieme persoonlijke vereniging en hun innige samenwerking elkaar wederzijdse hulp en dienst en beleven zij in steeds groeiende volheid hun eenheid’ (nr. 48). Uit deze inleidende tekst blijkt heel duidelijk dat de verschillende dimensies van de seksualiteit op dezelfde lijn worden geplaatst en dat dus afstand wordt gedaan van de prioriteit gegeven aan de procreatie. De huwelijksliefde als dusdanig komt voorop te staan en wordt de smeltkroes van de andere dimensies.

‘In de eigenlijke huwelijksdaad komt deze liefde op een geëigende wijze tot voltooide zelfexpressie. De daden derhalve waardoor de echtgenoten in kuise intimiteit één worden, zijn zedelijk goed en edel en betekenen en realiseren, mits menswaardig voltrokken, de wederzijdse zelfschenking, waardoor de echtgenoten elkaar in gevend en ontvangend geluk verrijken. ... Ook de gelijke persoonswaarde van vrouw en man, die haar uitdrukking behoort te vinden in de wederzijdse onvoorwaardelijke liefde, is een duidelijk teken van de door God gewilde eenheid in het huwelijk. ... Daar nu deze liefde als interpersoonlijke verhouding, gedragen door het wilsaffect, eminent menselijk is, omvat zij heel de persoon en is zij in staat om aan de expressies van het lichaam en het gemoed een bijzondere glans te geven en ze tot bestanddeel en geëigend teken van de echtelijke liefdesverbondenheid te adelen’ (nr. 49). De recreatieve dimensie gekoppeld aan de relationele dimensie wordt hier zeer positief omschreven en als zedelijk goed en edel beschouwd, op voorwaarde dat de seksuele daden menswaardig voltrokken worden. Ook de gelijkwaardigheid tussen man en vrouw wordt hier speciaal bevestigd.

‘Door hun innerlijke aard zijn het huwelijk en de huwelijksliefde gericht op gezinsstichting. Van het huwelijk zijn de kinderen waarlijk een uitmuntend geschenk en zijzelf dragen hopelijk bij tot het welzijn van de ouders. ... De echtgenoten weten dat zij in hun taak om menselijk leven door te geven en op te voeden, wat als hun eigenlijke zending moet worden beschouwd, de medewerkers en als het ware de vertolkers zijn van de liefde van de scheppende God. Daarom moeten zij deze opdracht in menselijke en christelijke verantwoording vervullen en in geloofsgehoorzaamheid aan en ontzag voor God, in gemeenschappelijk beraad en pogen, tot een gewetensvolle juiste beslissing komen, rekening houdend zowel met hun eigen welzijn als met dat van de reeds geboren en komende kinderen, met inzicht tevens in de door de omstandigheden van tijd en levensstaat vereiste materiële en geestelijke levenscondities en tenslotte met het welzijn van het gezin, van de tijdelijke maatschappij en ook van de Kerk. In laatste instantie moeten de echtgenoten zelf ten overstaan van God deze gewetensbeslissing nemen. Maar in heel hun handelwijze dienen de christelijke echtgenoten zich ervan bewust te zijn, dat zij niet op een willekeurige wijze te werk mogen gaan, maar zich moeten laten leiden door hun eigen geweten, te conformeren aan de goddelijke wet, derhalve luisteren naar het kerkelijk leergezag, dat de wet van God authentiek interpreteert in het licht van het evangelie' (nr. 50). Deze specifieke uitweiding over de vruchtbaarheid binnen het huwelijk klonk ook volledig nieuw en roept de gehuwden op gewetensvolle keuzen te maken, weliswaar in lijn met de goddelijke wet zoals deze door het leergezag wordt geïnterpreteerd. En in het volgend nummer wordt daar nog dieper op ingegaan: 'Wanneer het harmoniëren van de huwelijksliefde met het verantwoord doorgeven van het leven in het geding is, hangt het zedelijk karakter van een handelwijze niet alleen af van de goedwillende intentie en de subjectieve motivering, maar moet worden bepaald vanuit objectieve criteria die hun grondslag vinden in de eigen aard van de persoon en diens daden, criteria derhalve die de integrale zin van de wederzijdse zelfgave en van de menswaardige gezinsstichting in een context van waarachtige liefde waarborgen, een opgave die niet kan worden volbracht, als niet de deugd van echtelijke kuisheid oprecht wordt beoefend. Met deze beginselen voor ogen mogen de kinderen van de Kerk bij de geboorteregeling geen wegen bewandelen welke door het leergezag bij zijn interpretatie van de goddelijke wet worden afgekeurd' (nr. 51). Het is begrijpelijk dat deze tekst als het ware een uitnodiging inhield naar het leergezag toe om i.v.m. de geboorteregeling ook klare richtlijnen te formuleren, richtlijnen die in 1968 werden uitgevaardigd door Paus Paulus VI in de belangrijke encycliek 'Humanae Vitae' (8), waarnaar de verwachtingen hoog waren gespannen, en die de visie op huwelijk en seksualiteit zoals ontwikkeld in 'Gaudium et Spes' helemaal verder zet. Over de echtelijke liefde probeert de Paus een zeer duidelijke en mooie omschrijving te geven, opnieuw enorm belangrijk om een juiste definitie te vinden over de menswaardige seksualiteit.

'Op de eerste plaats is de huwelijksliefde een volkomen menselijke liefde, d.w.z. zij is zinnelijk en geestelijk. Daarom hebben we hier niet enkel te doen met een loutere drang van de natuur of van de hartstochten, maar ook en vooral met een act van de vrije wil, die er namelijk op gericht is, de huwelijksliefde door de vreugden en het leed van het dagelijkse leven heen niet enkel te doen volharden, maar ze bovendien te laten toenemen; en wel inderdaad zo, dat de echtgenoten als het ware één hart en één ziel worden en daarmee dan gemeenschappelijk hun menselijke vervolmaking bereiken.

Vervolgens gaat het om een totale liefde, d.w.z. om die bijzondere vorm van persoonlijke vriendschap waarin de echtgenoten alles edelmoedig met elkander delen, zonder daarbij onrechtvaardige uitzonderingen toe te laten of enkel op eigen voordeel uit te zijn. De echtgenoten die elkaar werkelijk beminnen hebben inderdaad niet enkel lief vanwege hetgeen zij van de ander ontvangen, maar zij beminnen elkaar om de ander zelf en dat doen zij van harte, om met de gave van zichzelf de ander te verrijken.

Daarenboven is de echtelijke liefde trouw, terwijl zij uitsluitend één man en één vrouw verbindt tot aan het einde van hun lieven, zoals namelijk bruidegom en bruid die liefde voor de geest stond op de dag dat zij zich vrijwillig en volledig bewust door de huwelijksband hebben verbonden.

Deze liefde ten slotte is vruchtbaar, daar zij namelijk niet alleen maar bestaat in de vereniging van de gehuwden, maar er ook op gericht is, zich voort te zetten en nieuwe levens te verwekken. ‘Het huwelijk en de echtelijke liefde zijn van nature op de voortplanting en de opvoeding van de kinderen gericht. Kinderen zijn ongetwijfeld het verhevenste geschenk van het huwelijk en zij dragen ten zeerste bij tot het welzijn van de ouders zelf”(nr. 9). Met dit belangrijk citaat uit Humanae Vitae werd een zeer duidelijk beeld en kader meegegeven waarin de menselijke seksualiteit binnen het huwelijk zich dient te ontwikkelen. Het is spijtig dat deze positieve noot volledig verloren ging in de leerstelling die verder in het document aan bod kwam en waarin de Paus het gebruik van kunstmatige anticonceptie verbood en alleen natuurlijke methoden als veroorloofd beschouwde. Deze stelling heeft heel wat commotie gebracht en heeft veel van het positieve dat via Gaudium et Spes over het huwelijk werd ontwikkeld in de vergeethoek geduwd. Velen fixeerden zich alleen nog op het verbod en gingen voorbij aan het ruime kader dat voorheen was gecreëerd. De huwelijksmoraal van de Kerk werd voortaan vereenzelvigd met Humanae Vitae en het verbod op kunstmatige anticonceptie.

In 1981 heeft Paus Johannes Paulus II in zijn apostolische exhortatie ‘Familiaris Consortio’ (9) geprobeerd de toon van Gaudium et Spes te hernemen en gaf aan het gezin vier taken: de vorming van een personengemeenschap, de dienst aan het leven, de deelneming aan de ontwikkeling van de maatschappij en de deelneming aan het leven en aan de zending van de Kerk (nr. 17).

Over de seksualiteit in het huwelijk lezen we het volgende: 'De seksualiteit waardoor de man en de vrouw zich aan elkaar wegschenken in de eigen en exclusieve huwelijksdaad, is bijgevolg volstrekt geen zuiver biologisch gegeven, maar raakt het innerlijk wezen van de menselijke persoon als zodanig. Zij is alleen echt menselijk, als zij een geïntegreerd onderdeel is van de liefde waardoor de man en de vrouw met elkaar verbonden zijn tot aan de dood. De volledige lichamelijke overgave is een leugen, als zij niet teken en vrucht is van de volledige persoonlijke overgave waarin de gehele persoon, ook in zijn tijdelijke dimensie, tegenwoordig is.'

Hij herhaalt de oproep van Humanae Vitae en met de oproep ook de eis dat eenieder conform het leergezag zou leven en ook onderrichten. 'Wanneer de echtgenoten, door middel van anticonceptie, de twee betekenissen scheiden die God de Schepper geschreven heeft in het wezen zelf van de man en de vrouw, nl. de eenwording en de voortplanting, dan gedragen zij zich als 'scheidsrechters' van Gods bedoeling; dan manipuleren en verlagen zij de menselijke seksualiteit en daarmee de eigen persoon en die van de partner en wijzigen zij de waarde van hun totale wegschenking. Daar vloeit niet alleen de positieve weigering van openheid voor het nieuwe leven voort maar ook een vervalsing van de innerlijke waarheid van de echtelijke liefde waarin de echtgenoten geroepen zijn zich met heel hun persoon weg te schenken' (nr. 32).

Ook wordt ingegaan op het belang van de kuisheid die als volgt wordt omschreven: 'Volgens de christelijke visie betekent de kuisheid geenszins afwijzing van of minachting voor de menselijke seksualiteit: zij betekent veeleer geestelijke energie, die de liefde weet te verdedigen tegen de gevaren van egoïsme en van agressiviteit en haar weet te doen groeien naar haar volledige verwerkelijking' (nr. 33).

In de reeks van de postconciliaire documenten mogen we natuurlijk niet voorbijgaan aan de verklaringen van de Congregatie voor de geloofsleer die reeds in 1975 een document heeft gepubliceerd over 'Enkele vraagstukken in verband met de seksuele ethiek' (10) en waarin werd ingegaan op het belang van een kuis leven en een morele stelling werd ingenomen naar de voorhuwelijkse betrekkingen, de homoseksualiteit en de masturbatie. In het document werd bevestigd dat elke genitale act van de mens slechts binnen het kader van het huwelijk mag plaatsvinden (nr.7), dat volgens de objectieve morele orde de homoseksuele relaties daden zijn die hun noodzakelijke en essentiële oriëntering missen en derhalve intrinsiek ongeordend zijn (nr. 8) en dat ook masturbatie een intrinsiek en zwaar ongeregelde daad is (nr. 9). Als middelen voor een kuis leven worden aangegeven: de beheersing van geest en zinnen, een waakzame voorzichtigheid om de gelegenheden tot zonde te vermijden, het behoud van het schaamtegevoel, de matiging in de ontspanning, gezonde bezigheden en de veelvuldige toevlucht tot gebed, boetesacrament en eucharistie (nr. 12).

Ten slotte kunnen we de 'Catechismus van de Katholieke Kerk' aanhalen die probeert een duidelijke samenvatting te geven van de visie van de Kerk op seksualiteit en huwelijk en die een belangrijk referentiedocument blijft (11).

3.3. Besluit

'De menselijke seksualiteit en het menselijke procreatievermogen overstijgen op een eminente wijze wat in de diersoorten te vinden is' (Gaudium et Spes nr. 51). En met een tekst van de 'Catechismus van de Katholieke Kerk' kunnen we dit aanvullen: 'Wegens de eenheid van lichaam en ziel beïnvloedt de seksualiteit alle aspecten van de menselijke persoon. Heel in het bijzonder heeft ze te maken met de affectiviteit, het vermogen om lief te hebben en zich voort te planten, en in algemenere zin met de geschiktheid om met een ander banden van gemeenschap aan te knopen. ... Kuisheid betekent de geslaagde integratie van de seksualiteit in de persoonlijkheid en wijst daarmee op de innerlijke eenheid van de mens als lichamelijk en geestelijk wezen. In de seksualiteit komt tot uitdrukking dat de mens deel uitmaakt van de lichamelijke en biologische wereld; deze seksualiteit wordt echt persoonlijk en menswaardig beleefd, wanneer ze opgenomen wordt in de relatie tussen twee personen, in volledige wederzijdse overgave van man en vrouw, onbeperkt van duur' (nr. 2332 en 2337).

Noten:

1. Burggraeve, Roger, Zin-volle seksualiteit (antropologische en bijbels-theologische horizon. Leuven, Acco, 1985, p. 112 – 124.
2. Bonnewijn, Olivier, Ethique sexuelle et familiale. Paris, Ed. de l'Emmanuel, 2007, p. 201.
3. Nijs, Piet, (Tegen)stromingen in de seksuologie. K. U. Leuven, 1979.
4. Frankl, Viktor, The will to meaning. New York, Meridian, 1988, p. 65.
5. Grootaers, Jan, De spanningen rond het huwelijkshoofdstuk van 'Gaudium et Spes', in Ethische vragen voor onze tijd. Kapellen, De Nederlandse Boekhandel, 1977, p.155 – 177.
6. Burggraeve, Roger, o.c. p. 200.
7. Constituties en decreten van het 2[de] Vaticaans oecumenisch concilie. Gaudium et Spes. Amersfoort, Katholiek Archief, 1967, p. 401 – 485.
8. Paulus VI, Paus, Humanae Vitae. Tilburg, Stichting behoud R. K. leven, 1980, pp. 30.
9. Johannes Paulus II, Familiaris Consortio. Brussel, Licap, 1981, pp. 93.
10. Congregatie van de Geloofsleer, Enkele vraagstukken in verband met de seksuele ethiek. 1975, pp. 17.
11. Katechismus van de Katholieke Kerk. Brussel, Licap, 1995, pp. 733.

4. Het godgewijde celibaat als levensstaat

Er zijn meerdere redenen mogelijk waarom iemand voor een celibataire levensstaat kiest en vandaag zijn er heel wat mensen die gewild of ongewild in celibaat leven. Een deel kiest gewoon niet voor het celibaat, maar het overkomt hen. We denken hierbij aan de jongeren die wel wensen te huwen, maar het huwelijk uitstellen omwille van studie-redenen of nog onduidelijke en onzekere werksituatie. We denken aan de echtgescheidenen die geen nieuw huwelijk meer aangaan en de weduwen en weduwnaars, aan hen die wegens handicap of ziekte niet kunnen huwen, aan diegenen die een andere seksuele geaardheid onderkennen, enz. Deze ongewilde celibataire levenswijze kan hen negatief stemmen en als een fataliteit beleefd worden, maar het kan ook beschouwd worden als een levensweg die een groei inhoudt. Men aanvaardt deze levenswijze dan op een moedige wijze en men probeert er een bron van persoonlijke ontwikkeling en psychologisch evenwicht in te vinden.

Het feit dat er vandaag steeds meer mensen verplicht celibatair moeten leven doet een eerder negatieve connotatie ontstaan rond het celibaat. Het wordt beschouwd als een levenswijze die onaf is, onwillekeurig tot frustratie moet leiden of de weg openzet voor allerlei vormen van compensaties. Het celibaat met een onderdrukte seksualiteit moet leiden tot een gefrustreerd bestaan, of zal de weg openen tot een gedesoriënteerd seksueel leven. Incest, pedofilie en ander seksueel afwijkend gedrag worden dikwijls in verband gebracht met een ongewilde celibataire levenswijze.

Daarnaast zijn er nog steeds mensen die bewust kiezen voor een celibataire levenswijze. Vroeger hadden we de verpleegkundigen en de onderwijzeressen die ongehuwd bleven in functie van hun werk, of vrouwen die thuis bleven om te zorgen voor hun ouder wordende ouders. We kennen ook hen die zich helemaal willen wijden aan de wetenschap, de kunst, de inzet voor medemensen hier of in het buitenland en bewust afzien van het huwelijk om hun affectieve krachten en fysische en psychologische energie te richten naar een waarde die voor hen belangrijker is. Het celibaat wordt door hen niet gekozen omdat ze het huwelijk vrezen, of zich niet bekwaam achten om te huwen of een andere seksuele geaardheid in zichzelf onderkennen of nog omdat ze een negatieve visie hebben op het huwelijk, maar omdat een ander motief in hun leven aanwezig is dat het verlangen naar het huwelijk overstijgt. Het gaat hier dus duidelijk om een positieve keuze en dit zal zich ook uiten in de verdere uitbouw van hun leven. De celibataire levenswijze helpt hen zichzelf verder te ontwikkelen en ze zoeken geen compensaties op andere vlakken zoals ongezonde machtsrelaties, een zich opsluiten in een eigengereid en zelfgenoegzaam bestaan. Uiteindelijk zullen deze mensen mogen ontdekken dat ook een celibataire levenswijze kan leiden tot een liefdevol bestaan.

Ook het celibaat van priesters en religieuzen situeert zich binnen deze categorie, waarbij een diepere motivatie iemand doet besluiten af te zien van het huwelijk. Het is over deze vorm van celibaat, die we vanuit religieuze hoek een godgewijd celibaat noemen, dat we verder willen nadenken.

Maar eerst willen we kort ingaan op de voorwaarden die noodzakelijk zijn om een vrij gekozen celibaat als een gerijpte levensoptie te laten uitgroeien.

4.1. Psychologische basisprincipes voor een gerijpte optie voor het celibaat

Wanneer het celibaat het resultaat is van een gewilde en positieve keuze, is het zeer belangrijk dat er duidelijkheid is rond de eigenlijke motivatie. Is de motivatie die men vooropstelt echt, authentiek, of wordt ze eerder als een alibi gebruikt om de echte motivatie te maskeren, zodat onder de schijnbare positieve keuze toch een frustratie schuilgaat en de persoon in kwestie belemmert om echt in waarheid te leven. In de psychoanalyse zijn voorbeelden gekend van personen die naar de buitenwereld de schijn willen ophouden dat hun inzet voor bijvoorbeeld hun zieke ouder een positieve keuze is, maar tegelijk onbewust een diepe frustratie ontwikkelen die zich finaal gaat uiten in allerlei psycho-somatische afwijkingen.

Heel wat problemen i.v.m. het celibaat kunnen te maken hebben met een affectieve onvolwassenheid op het vlak van afhankelijkheid en onafhankelijkheid. Een evenwicht tussen deze twee dimensies is echt noodzakelijk. Daarmee bedoelen we dat de persoon in kwestie in het reine moet komen met zijn verlangen en bekwaamheid rond afhankelijkheid en onafhankelijkheid. Sommigen hebben schrik van een zekere persoonlijke autonomie en creëren in het celibaat een kinderlijke afhankelijkheid tegenover hun ouders. Ze nemen zelf geen beslissingen en willen eigenlijk het afhankelijke kind blijven, ook als ze dit reeds lang zijn ontgroeid. Anderen vallen in het andere uiterste, meestal vanuit een negatieve ouder-kind-relatie ervaring en wensen zich aan niemand te binden uit vrees om een nieuwe afhankelijkheid op te bouwen. Ze gaan er prat op geen vrienden nodig te hebben en storten zich dan ook meestal in het werk, in projecten, zaken die hun bevrediging en affirmatie moeten geven. Gevoelens worden nooit geuit en alles wordt rationeel benaderd. Evenwicht tussen deze twee dimensies bereikt men juist door enerzijds relatiebekwaam te worden, affectief open zonder zich daarin te verliezen, bereid om met anderen een band aan te gaan, zich te engageren voor die andere zonder evenwel zijn eigen persoonlijkheid daaraan op te offeren (1).

Het celibaat roept ook op om een gezonde band te ontwikkelen met het eigen lichaam. Iedereen staat voor de opgave zijn lichaam te aanvaarden, te beminnen, als een goed te ervaren, maar het ook niet te verafgoden. Het lichaam is een goed, geschapen door God en wezenlijk deel van ons persoon-zijn. Door de menswording van Christus kreeg het lichaam nog een grotere waarde, omdat het instrument werd van de verlossing, echt tempel van de Heilige Geest. Sommigen zitten nog vast aan het dualisme, waarbij het lichaam als ondergeschikt aan de ziel wordt beschouwd, lastig omhulsel dat we best zo vlug mogelijk weer kwijt geraken en dat de plaats is van lijden, zonde. Het zou via het lichaam zijn dat de zonde de mens heeft bezoedeld, en de weg van de uitzuivering zou erin bestaan om het lichaam te kastijden, te versterven, te negeren. We kunnen niet ontkennen dat binnen het christendom voor eeuwen een eerder negatieve houding tegenover het lichaam werd ontwikkeld, een visie die nog doorspeelt bij heel wat mensen. Het lichaam als plaats waar de seksuele passies tot ontwikkeling komen en de mens 'teisteren', kan toch moeilijk als een tempel van de H. Geest worden beschouwd. Als reactie daarop ontstond een overbeklemtoning van het lichaam, die door de seksuele revolutie tot een nieuwe cultusplaats werd verheven. Een overbeklemtoning van de zorg voor het lichaam, de loskoppeling van het seksuele genot van de andere dimensies van de seksualiteit die leidde tot een hedonistische levenswijze, een ganse cultuur die de schoonheid van het lichaam bejubelt en tot een nieuwe afgod maakt. Het zijn twee uitersten, en diep in ons ontdekken we de sporen van beide visies en houdingen. Ook hier worden we opgeroepen tot een gezond evenwicht te komen door ons lichaam en de lichamelijkheid juist in te schatten. Het komt erop aan echt te leren leven met het lichaam, met het eigen geslacht, dit te aanvaarden, dit gezond lief te hebben, opdat men van daaruit ook de anderen kan aanvaarden en liefhebben, zonder vrees voor het seksuele in de andere en zonder gefixeerd te geraken op het seksuele, het genitale. Sommigen durven u niet aankijken omdat ze vrezen door een blik naar het lichaam reeds in zonde te vervallen terwijl anderen u bij wijze van spreken visueel uitkleden. Omgaan met het eigen lichaam en het lichaam van de andere vraagt een constante uitzuivering van de blik, de aanraking, het spreken. Van een tijd dat een blik naar het eigen lichaam als zondig werd ervaren, laat staan de blik naar het lichaam van de andere, zijn we spijtig genoeg vervallen in het andere uiterste waarbij blikken zo dikwijls seksueel geladen worden, opgejaagd door de erotische sfeer waarin we gedompeld zijn. Wanneer het hart erotisch opgejaagd wordt, zullen ook onze blikken en aanrakingen erotisch geladen zijn. Wanneer ons hart daarentegen tot rust is gekomen, zuiver is in de letterlijke zin van het woord, zullen ook onze blikken en aanrakingen zuiver zijn, puur, zonder vrees en met respect.

Het celibaat kan ook een leerschool worden om de eigen beperkingen positief te aanvaarden. Het hele leven bestaat uit beperkingen, frustraties. Het celibaat houdt op zichzelf een ernstige beperking in, en kan uitgroeien tot een frustratie. Het kan daarentegen ook een leerschool worden om juist te leren leven met alle beperkingen die het leven met zich meebrengt, met het lijden en ziekte, tot en met de dood die toch door velen als de grootste beperking en bedreiging van het leven wordt beschouwd. Het celibaat is immers een levensstaat waar de beperking, de begrenzing als wezenlijk element is ingebouwd, welke zich in het bijzonder uit op het vlak van de seksuele beleving. Ook binnen de liefdesuiting wordt men geconfronteerd met beperkingen, met remmen, met grenzen, met belemmeringen. We kunnen deze grenzen als negatief beschouwen, maar ook als behorend bij ons mens-zijn. Dieren kunnen instinctmatig gestalte geven aan hun behoeften en deze bevredigen zonder daarbij vragen te stellen of deze goed zijn, goed voor het dier in kwestie en de andere. De mens is juist geroepen om dit instinctmatige te overstijgen en bij iedere daad de morele vraag te stellen of deze daad een goed is voor zichzelf en de andere. Ook in de uiting van de seksualiteit geldt steeds de vraag naar het goede bij zichzelf en de andere. Dr. Anna Terruwe spreekt hier over de weerhoudende liefde, waarbij het natuurlijke liefdeverlangen wordt opgeofferd aan het welzijn van de andere. 'De weelde van de liefde bestaat in de adequatie van het aanbieden van de liefde in de maat en op de wijze van de ontvangende ander. De weerhoudende liefde wordt dan een natuurlijke vervolmaking van het menselijke liefdegevoel omdat men daarbij, met uitschakeling van het eigen ik, uitsluitend gericht is op wat voor de ander goed is en wat uiteindelijk ook voor zichzelf goed is'(2). Wat hier werd uitgewerkt voor het huwelijk, geldt ook voor het celibaat waar de weerhouding een fundamentele levenshouding wordt. De weerhoudende liefde van een celibatair zal rekening houden met het welzijn van de andere, maar evenzeer met zijn eigen welzijn zoals dit gekaderd is in zijn levensstaat. En hier komt het palet open van de vele variaties die aan de liefdesuiting kunnen worden gegeven, zoveel ruimer dan de eng erotische uitingsvormen. Het is jammer dat vandaag zoveel verengd is geworden naar het louter erotische en dat zo vlug de stap naar het erotische wordt gezet, voorbijgaand aan al die andere vormen van tederheid en liefdesuitingen. Relaties worden onmiddellijk erotisch ingekleurd, een aanraking wordt, zoals voorheen aangegeven, een erotische greep, en men verleert daardoor de schoonheid van het rustig laten groeien van gevoelens van tederheid, de vreugde van het samenzijn met de andere, het affectieve dat zoveel ruimer is dan het eng erotische.

Ten slotte willen we iets zeggen over de sublimatie en de vriendschap. Onder psychologische sublimatie verstaat men het verplaatsen van de passies naar niet-seksuele objecten. Men gaat de energie kanaliseren naar altruïstische activiteiten, naar spirituele invullingen. Het komt er op aan deze te toetsen op hun authenticiteit, want sublimaties kunnen ook pathologische vormen aannemen. Het zoeken van allerlei compensaties, het overdreven belang dat men hecht aan de eigen erkenning en de affirmatie van de anderen, het ontwikkelen van allerlei machtsstructuren over anderen, het vervallen in een infantilistische levenswijze en andere neurotische verschijnselen kunnen een uiting zijn van eerder pathologische sublimaties. Vriendschap daarentegen, gericht op wederzijdse groei en ontwikkeling, kan een uiting zijn van een authentieke sublimatie. Binnen de vriendschap opent men zich voor de wederzijdse liefde zonder dat deze zich erotisch wil uiten. Het is een vriendschap die gebaseerd is op een gevoel van welwillendheid ten opzichte van de andere persoon. Terruwe omschrijft het als volgt: ' Er is iets in hem dat voor mij een goed is; emotioneel voel ik mij aangetrokken door die andere persoon. Er is hier dus duidelijk sprake van een gevoel, een emotie, iets wat zich uitwendig wil manifesteren via de tederheid. Liefde is een aandoening van het menselijk gevoel, een 'affectio naturalis', ze is de grondslag van heel het psychische zielenleven, het is de grondtoon waarop heel de harmonie van ons gevoelsleven is gebouwd. Liefde wil zich uiten via de tederheid, die op haar beurt gestalte krijgt in de blik, de aanraking en het woord' (3). Vriendschap als uiting van wederzijdse liefde is essentieel in het leven, in ieder leven, en zal ook in een celibataire levenswijze een belangrijke plaats moeten innemen. En zo zal het ook gaan met de vriendschap voor God wanneer we het zullen hebben over het godgewijde celibaat. Het is deze vriendschap die de diepe en echte motivatie zal moeten zijn van de keuze voor het celibaat en iedere vorm van sublimatie zal vanuit deze vriendschap moeten vertrekken.

4.2. Motivatie van het godgewijde celibaat

Binnen de vrij gekozen celibataire levenswijze, neemt het godgewijde celibaat wel een belangrijke plaats in. Het is de levenswijze die door de religieuzen wel bewust wordt gekozen en die door de katholieke kerk als levenswijze aan de priesters wordt opgelegd. We gingen reeds in op het onderscheid tussen het godgewijde celibaat van een religieus en van een priester, en zullen nu verder spreken over het godgewijde celibaat van de religieus.

De uitnodiging om godgewijd celibatair te leven vindt haar oorsprong bij de uitdrukkelijke uitnodiging van Jezus, die we kunnen lezen bij Matteüs 19,10-12. Deze tekst wordt algemeen beschouwd als de basis van het godgewijde celibaat. Jezus wordt de vraag gesteld, en de evangelist voegt eraan toe dat het was om hem op de proef te stellen, of het een man geoorloofd is zijn vrouw om een willekeurige reden te verstoten (Mt. 19, 3). Jezus antwoordt dat het God zelf is die de mens als man en vrouw heeft geschapen met de opdracht vader en moeder te verlaten en zich aan mekaar te hechten en dus echt één te worden (Mt. 19, 5). 'Wat God heeft verbonden, moet de mens niet scheiden' (Mt. 19, 6). De verdere discussie loopt uit op de vraag van zijn leerlingen of het dan niet beter is om niet te trouwen (Mt. 19, 10). En hier volgt dan het totaal nieuwe en unieke antwoord van Jezus, waarmee Hij een alternatief voor het huwelijk in het perspectief stelt. 'Niet allen begrijpen dat woord, alleen zij aan wie het gegeven is. Want er zijn eunuchen die zo uit de moederschoot geboren zijn, en er zijn eunuchen die door de mensen zo gemaakt zijn, en er zijn eunuchen die zichzelf zo gemaakt hebben omwille van het koninkrijk der hemelen. Wie dat kan, moet het begrijpen' (Mt. 19, 10-12) . En onmiddellijk daarop worden kinderen bij Jezus gebracht met de bedoeling ze te zegenen. De celibataire Jezus, die als eunuch wordt uitgescholden door de Farizeeën, komt hier naar voor als de man vol liefde voor de kleinen. En ook het daaropvolgende verhaal van de 'rijke jongeling' eindigt met een opmerkelijk woord dat we in hetzelfde verhaal bij Marcus kunnen lezen: 'Jezus keek hem aan en ging van hem houden' (Mc. 10, 21). De boodschap van het celibaat omwille van het koninkrijk der hemelen wordt als het ware geconcretiseerd door manifestaties van liefde, als wou Jezus bij het celibaat vermelden dat het celibaat weliswaar de afwijzing van het huwelijk inhoudt, maar niet de afwijzing van de liefde.

Bij de joden was het celibaat helemaal geen positieve aangelegenheid, maar eerder een afwijking van een fundamentele opdracht die men van God zelf had meegekregen, namelijk om vruchtbaar te zijn en zich te vermenigvuldigen. Wanneer Jezus dan hier in de tekst het woord eunuch gebruikt, dan heeft dit zeker te maken met de negatieve context waarin dit woord werd gebruikt. Jezus werd verweten een eunuch te zijn, net zoals Hem verweten werd met zondaars om te gaan en de vasten niet te onderhouden. Zoals we gezien hebben in het bijbels overzicht, zijn er wel reeds ongehuwden ten tijde van Christus, de Esseners, die voor deze levenswijze kozen als een vorm van ascetische reiniging in afwachting van de komst van het Rijk, teneinde de komst van het Rijk te bespoedigen (4).

Christus brengt het celibaat rechtstreeks in verband met de komst van het Rijk dat er nu is in Hemzelf. Hij wordt zelf de reden van het celibaat, het wordt een godgewijd celibaat.

Met het plaatsen van deze nieuwe levenswijze in confrontatie met het huwelijk, wordt het huwelijk eigenlijk gerelativeerd. Wat bedoelen we daarmee. Tot voorheen werd het huwelijk als enige weg aangewezen om zijn leven te realiseren, en werd het huwelijk geplaatst in het licht van de relatie van God met de mens. Het huwelijk werd vanuit religieus oogpunt gezien als de mediatie van de relatie die iedere mens met God wil aangaan, en die hij in dit leven nog niet ten volle en rechtstreeks kan realiseren tenzij via de liefdesrelatie binnen het huwelijk. Met de komst van Jezus in de wereld heeft men die mediatie eigenlijk niet meer strikt nodig en kan men ook op een meer rechtstreekse manier een liefdesrelatie met God aangaan, en dat via het godgewijde celibaat. Het celibaat wordt hier dus op dezelfde hoogte geplaatst als het huwelijk en wordt de alternatieve wijze, of de meer directe wijze om het mysterie van het verbond van God met zijn volk te beleven. 'De maagdelijkheid en het celibaat omwille van het Rijk Gods zijn niet in tegenspraak met de waardigheid van het huwelijk, maar veronderstellen en bevestigen haar integendeel. Het huwelijk en de maagdelijkheid zijn de twee manieren waarop het ene mysterie van het verbond van God met zijn volk wordt uitgedrukt en beleefd. Wanneer men het huwelijk niet hoogacht, kan de gewijde maagdelijkheid ook niet bestaan; wanneer de menselijke seksualiteit niet wordt gezien als een grote waarde, geschonken door de Schepper, verliest het zijn zin er afstand van te doen omwille van het Rijk Gods. De heilige Johannes Chrystostomus zegt het zeer terecht: 'Wie het huwelijk veroordeelt, berooft ook de maagdelijkheid van haar glorie; wie daarentegen het huwelijk prijst, maakt de maagdelijkheid bewonderenswaardiger en lichtender" (5), lezen we in Familiaris consortio.

Celibaat wordt zeker niet tegenover het huwelijk geplaatst, ook niet boven het huwelijk als meer verheven levenswijze, wat in de voorbije tijd wel eens werd aangebracht. Alleen wanneer we het huwelijk echt waarderen kunnen we er ook afstand van doen omwille van iets hoger. Het celibaat en het huwelijk hebben eigenlijk mekaar nodig, het één kan niet zonder het andere. Vanuit het godgewijd celibaat ontvangt het huwelijk de boodschap dat het relatief is in zijn ultimiteit(6). Het is een realiteit die fundamenteel goed is, maar het behoort tot de voorlopige orde van deze wereld die voorbijgaat. Het huwelijk is dan ook niet absoluut in de mate dat het beperkt wordt tot het leven van de echtgenoten. Christus heeft ook duidelijk aangegeven: 'De kinderen van deze wereld huwen en worden uitgehuwelijkt, maar zij die waardig zijn bevonden om deel te krijgen aan de andere wereld en aan de opstanding uit de doden, huwen niet en worden niet uitgehuwelijkt' (Lc. 20, 35). De gehuwden getuigen naar hen die in godgewijd celibaat leven dat de liefde nooit uitsluitend spiritueel mag worden, maar zich moet blijven uiten in concrete daden en in een trouwe liefde naar mekaar toe. We kunnen hier het voorbeeld aanhalen van ouders die 's nachts moeten opstaan om voor hun kleine kinderen te zorgen en die een stille oproep zijn tegen het gesettelde leven dat een religieus zich kan eigen maken. Hun zorg voor hun gezin steekt soms schril af tegen de wijze waarop een religieus neigt om zijn privacy af te schermen voor alle storingen van buitenaf.

Met de uitspraak dat er eunuchen zijn die zichzelf zo gemaakt hebben omwille van het koninkrijk der hemelen stelt Jezus formeel deze nieuwe, alternatieve levenswijze in als een te volgen weg voor hen die daartoe geroepen worden. Hijzelf gaf hiervan het voorbeeld, en ook zijn directe medewerkers riep hij op allen en alles te verlaten om Hem alleen te volgen. In Lucas wordt de lijst van hen die men verlaat omwille van het Rijk zelfs nog aangevuld met 'zijn echtgeno(o)t(e): 'Ik verzeker jullie, er is niemand die zijn huis, zijn vrouw, broers en zusters, ouders of kinderen heeft achtergelaten omwille van het koninkrijk van God, of hij krijgt dat in deze tijd veelvoudig vergoed, en in de komende wereld krijgt hij eeuwig leven' (Lc. 18, 29-30). Hier werd zeker verwezen naar de apostelen, die alles hadden achtergelaten, zelfs hun echtgenote, om Jezus te volgen, en dat omdat Hij hen speciaal daartoe opgeroepen had. Het godgewijde celibaat heeft steeds met een roeping te maken. Het is geen universele roeping maar wel een persoonlijke roeping die het ganse leven een eigen richting en invulling geeft, op dezelfde wijze waarop het huwelijk aan het hele leven een duidelijke richting en invulling geeft (7).

4.3. Verschillende dimensies van het godgewijde celibaat

In het decreet 'Perfectae caritatis' wordt een zeer goede omschrijving gegeven van het godgewijd celibaat waarbij de verschillende dimensies in alle duidelijkheid naar voor komen: 'De kuisheid omwille van het Rijk der hemelen (Mt. 19, 12), waartoe de religieuzen zich door de professie verbinden, verdient gewaardeerd te worden als een uitnemende genadegave. Zij maakt immers het hart van de mens op uitzonderlijke wijze vrij (vgl. 1 Kor. 7, 32-35) met het oog op een grotere vurigheid in de liefde jegens God en alle mensen. Daarom is het een bijzonder teken van de hemelse goederen en tevens een allergeschikst middel om zich in blijde ijver te wijden aan de dienst van God en de werken van het apostolaat. Zo roepen zij alle gelovige christenen dat wonderlijk huwelijk voor de geest dat door God is gesticht en in de toekomstige wereld tot volledige openbaring moet komen, het huwelijk namelijk waardoor de Kerk Christus als haar enige Bruidegom heeft' (nr. 12) (8).

Cantalamessa onderscheidt vier dimensies in het godgewijde celibaat welke hij terugvindt in deze basistekst uit Perfectae caritatis: een existentiële dimensie waarbij het celibaat de mens op een uitzonderlijke wijze vrij maakt voor een grotere vurigheid in de liefde jegens God en alle mensen; een profetische dimensie, als teken van het eschatologische; een missionaire dimensie als consequentie van het godgewijd celibaat waarbij de religieus vrij komt om zich te wijden aan het apostolaat en een verbondsdimensie verwijzend naar het huwelijk tussen Christus en de Kerk(9).

We proberen deze dimensies verder toe te lichten.

4.3.1. Existentiële dimensie

Een zeer fundamentele tekst bij Paulus betreffende het godgewijde celibaat lezen we in zijn brief aan de Korintiërs (1 Kor. 7, 32-35).

'Ik zou willen dat u zonder zorgen was. Wie niet getrouwd is, heeft zorg voor de zaak van de Heer en wil de Heer behagen. Maar de getrouwde heeft zorg voor aardse zaken en wil zijn vrouw behagen; zijn aandacht is verdeeld. Een ongetrouwde vrouw en een ongetrouwd meisje dragen zorg voor de zaak van de Heer; zij willen heilig zijn naar lichaam en geest. De getrouwde vrouw wijdt haar zorgen aan aardse dingen en wil haar man behagen.

Dit alles zeg ik voor uw eigen bestwil, niet om uw vrijheid aan banden te leggen; het gaat mij alleen om de eerbaarheid en een onverdeelde toewijding aan de Heer'.

Paulus geeft in zijn brief een overzicht van de verschillende levensstaten en eindigt met een klare omschrijving van hen die door de Heer geroepen worden om ongehuwd te blijven voor het Koninkrijk. Zijn tekst dient in verband met de tekst van Jezus (Mt.19, 10-12) gelezen te worden en als een verdere uitwerking ervan beschouwd te worden. Beide teksten worden dan ook als de grondteksten voor het godgewijd celibaat beschouwd.

Kernwoorden zijn: zorg hebben voor de zaak van de Heer, de Heer behagen, onverdeelde aandacht voor de Heer, heilig zijn naar lichaam en geest, onverdeelde toewijding aan de Heer. Dit zijn belangrijke elementen, existentiële elementen die het godgewijd celibaat kenmerken.

Vooreerst is er de onverdeelde aandacht en toewijding aan de Heer. De realiteit zegt ons dat we heel verdeeld zijn, met veel zaken bezig zijn, verstrooid worden in zaken die onze aandacht opeisen, dikwijls de speelbal zijn van onze passies. We hebben allen de ervaring dat onze geest constant vertroebeld wordt door ergernis en begeerten. Ik erger me aan wat een collega me gisteren zei of de wijze waarop hij mij negeerde. Ik begin denkbeeldige gesprekken met hem te voeren, me te verdedigen, hem te kleineren, enz. Het zijn de gevolgen van de ergernis: mezelf verdedigen, mezelf heel ernstig nemen, mezelf overtuigen dat ik de belangrijkste ben en tegelijk de anderen kleineren. Maar er zijn ook de begeerten: wilde fantasieën die me willen meeslepen, die me in de greep willen krijgen en die me willen overtuigen dat mijn godgewijd celibaat en mijn gelofte van zuiverheid toch niet zo een goede keuze waren, dat er compromissen mogelijk zijn, dat macht en aanzien toch ook belangrijk zijn. Het godgewijde celibaat roept ons op om ons onverdeeld te wijden aan de Heer, om te groeien in inwendige eenheid, om onze begeerten en ergernissen in de handen te leggen van de Heer opdat Hij deze zou uitzuiveren, tot rust brengen. Het is in de stilte en het inwendig gebed dat de ergernissen en de begeerten in alle hevigheid naar boven kunnen komen en dat we ze kunnen toevertrouwen aan de Heer. Hij alleen kan ons bevrijden van 'Legioen', want ze zijn met velen. Hierbij past de opmerking i.v.m. de rust van het hart: deze rust dient inderdaad nagestreefd te worden, maar niet om zichzelf, maar wel uit liefde voor God. Christelijke meditatie en contemplatie hebben inderdaad tot doel los te komen van alles wat ons verstoort en verontrust, maar dit is niet het einddoel, maar slechts de tussenstap, om uiteindelijk ons helemaal te kunnen toevertrouwen aan de Heer. Het vraagt ascese, beheersing van onze zintuigen, opnieuw niet als doel op zich, maar om meer open te komen voor de Heer, en door de Heer voor de ganse werkelijkheid. We moeten inderdaad vaststellen dat in het verleden dikwijls de ascese werd vooropgesteld als doel op zich. De afwezigheid en het onderdrukken van de passies werd het ideaal, en te weinig werd beklemtoond dat de ruimte die open kwam juist de heilige ruimte moest worden waar de liefde van en tot God en de medemens kon groeien.

'Heilig zijn naar lichaam en geest' is het tweede element dat wezenlijk is voor het godgewijd celibaat. Opnieuw is de roeping tot heiligheid een universele roeping van alle christenen. Dit mag niet opgeëist worden door hen die godgewijd leven, maar dit streven naar heiligheid wordt voor hen toch een aandachtspunt bij uitstek, een prioriteit. Ze zullen er zich 'beroepshalve' helemaal aan wijden, de universele roeping tot heiligheid wordt voor hen de enige invulling van hun leven; al de rest wordt eraan ondergeschikt.

'Zorg hebben voor de zaak van de Heer', is misschien wel de kortste omschrijving van het godgewijde celibaat. De zaak van de Heer, de Heer zelf is het doel van deze levenswijze. Zij die niet huwen voor de zaak van de Heer, dienen te beseffen dat hun ideaal niet bestaat in een rustig leven, vrij van de zorgen van de wereld, maar dat ze de zorgen van de Heer tot zich willen nemen. En de zorgen van de Heer hebben te maken met de komst van zijn Koninkrijk in het hart van de mensen. Godgewijden moeten ervoor zorgen dat het Koninkrijk in hun hart op een onverdeelde wijze aanwezig komt en tegelijk moeten ze meehelpen om de komst van dit Koninkrijk ook in de harten van de medemensen te bevorderen. Hier wordt de band gelegd met de missionaire dimensie van het godgewijde celibaat, de apostolische en pastorale zorg die voortvloeit uit het godgewijde celibaat, en die alle godgewijden als missie hebben meegekregen.

Ten slotte geeft Paulus aan dat 'de Heer behagen' tot de opdrachten hoort van hen die niet huwen omwille van de Heer en zijn Koninkrijk. De Heer behagen en Hem liefhebben blijft de kern, de echte en enige reden van het godgewijde celibaat. Men doet afstand van een concrete liefde in het huwelijk voor een andere concrete liefde; men doet afstand van een reële persoon in het huwelijk voor een andere persoon die even reëel is en zelfs oneindig meer reëel (10). Binnen het huwelijk verbindt men zich met een persoon, volgens het vlees (men wordt één vlees met hem of haar), binnen het godgewijde celibaat verbindt men zich met een Persoon volgens de geest, en men wordt één geest met Hem. Of om het met Paulus te zeggen: 'Maar wie zich met de Heer verenigt, is met Hem één geest' (1 Kor. 6, 16).

Het godgewijde celibaat is in zijn existentie een liefdesrelatie, een initiatief van God om de mens op een bijzondere wijze lief te hebben. We zouden kunnen zeggen dat het godgewijde celibaat alleen maar bestaat omdat God liefde is en omdat God deze liefde op een onverdeelde wijze wil delen met de mens. 'God wil het celibaat, want Hij wil bemind worden', lezen we bij Kierkegaard (11). Wat de uitnodiging is naar alle mensen toe en wat volle realiteit zal worden in het hiernamaals voor eenieder die ervoor openstaat, wordt nu reeds werkelijkheid in het leven van hen die God daarvoor uitkiest en die daarop ook een positief antwoord geven.

Maar hier komen we bij de tweede dimensie die we willen bespreken, nl. de profetische dimensie met verwijzing naar de eschatologie.

4.3.2. Profetische dimensie

In Lucas lezen we hoe Jezus de uiteindelijke levenssituatie van de mens in de hemel beschrijft: 'De kinderen van deze wereld huwen en worden uitgehuwelijkt, maar zij die waardig zijn bevonden om deel te krijgen aan de andere wereld en aan de opstanding uit de doden, huwen niet en worden niet uitgehuwelijkt. Zij kunnen immers niet meer sterven, want zij zijn aan engelen gelijk, en als kinderen van de opstanding zijn het kinderen van God' (Lc. 20, 34-36).

Aangezien met de komst van Christus het Rijk van God is aangebroken, wordt het mogelijk nu reeds te leven in de conditie van dit Rijk van God. En over deze conditie zegt Jezus dat er niet meer gehuwd wordt. Door niet te huwen verwijzen de godgewijden naar de eindtijd, zijn ze met hun leven een heenwijzing naar de eschatologie. Natuurlijk kunnen we over die eindtijd zeggen dat hij er tegelijk reeds is en nog moet komen. Het Koninkrijk is doorgebroken met de komst van Jezus, maar moet nog in zijn volheid komen in de toekomst, bij de wederkomst. Terecht wordt in het Onze Vader gebeden: 'Uw Rijk kome'. Er moet dus nog verder gewerkt worden opdat het Rijk ten volle zou komen, hetgeen dan opnieuw op een volgende dimensie slaat, nl. de missionaire dimensie.

Met het godgewijde celibaat verwijst de godgewijde naar de uiteindelijke conditie van de mens, een conditie die in eeuwigheid zal duren. Iedere ontmoeting met een godgewijde zou dit aspect in herinnering en in het perspectief moeten plaatsen. Hun ongehuwd-zijn moet juist die vraag oproepen: waarom doen zij het, wat is hun motivatie en wat is de uiteindelijke zin van het leven. Het godgewijde celibaat moet het leven nu opentrekken naar zijn eindbestemming. De H. Cyprianus schreef: 'U bent begonnen te zijn wat wij nog moeten worden' (12). In verhouding met het huwelijk werd het godgewijd celibaat vroeger dikwijls voorgesteld als iets dat beter was, meer verheven. Terecht werd vanaf Vaticanum II afstand gedaan van deze superioriteitsgedachte die het religieuze leven omfloerste. Nochtans moeten we stellen dat het godgewijde celibaat ontologisch inderdaad geen meer volmaakte levensstaat is, maar wel een levensstaat die eschatologisch meer geavanceerd is. Het huwelijk is duidelijk een structuur verbonden met deze wereld, en dus voorbijgaand. In de andere wereld zal er niet meer worden gehuwd, zoals Paulus stelde. Het godgewijde celibaat herinnert de gehuwden eraan dat onze eindbestemming uiteindelijk niet te vinden is in deze wereld, in de medemens, in de echtgeno(o)t(e), maar in God en in God alleen.

Dit element is natuurlijk alleen maar te begrijpen in het geloof, en meer in het bijzonder in het geloof in de verrijzenis. Ook hier moeten we Paulus bijtreden die stelde dat alleen het geloof in de verrijzenis de grond kan vormen van het geloof als dusdanig: 'Als er geen opstanding van de doden bestaat, is ook Christus niet opgestaan. En als Christus niet is opgestaan, dan is onze prediking zonder inhoud en uw geloof leeg.... Indien we enkel voor dit leven onze hoop op Christus hebben gevestigd, zijn wij het meest van alle mensen te beklagen' (1 Kor. 15, 13- 19). Het godgewijde celibaat ontvangt zijn profetische dimensie juist in het gegeven van de opstanding die de grond vormt van ons geloof. Het godgewijde celibaat heeft maar zin en is maar te begrijpen in het licht van de verrijzenis; zoniet zijn de godgewijden het meest van alle mensen te beklagen, omdat ze afstand doen van het goed dat het huwelijk is, dat een goed is in deze wereld, voor iets dat een illusie is. Het godgewijde celibaat ontvangt zijn zin juist in het bestaan van het eeuwig leven en de verrijzenis. 'Van nature aanvaardt de mens niet wat komt van de Geest van God; het is dwaasheid voor hem, hij kan het niet vatten, want het kan alleen beoordeeld worden in het licht van de Geest. Een geestelijk mens kan alles beoordelen, maar over hem oordeelt niemand' (1 Kor. 2, 14-15). Het is dan ook begrijpelijk dat velen in de wereld het godgewijde celibaat helemaal niet kunnen begrijpen, laat staan kunnen appreciëren, en er dan ook gemakkelijk de spot mee drijven. Deze spot vindt zijn grond in een reëel onbegrip, maar ook in een vaag gevoel dat iets essentieels hun wel eens zou kunnen ontsnappen. Want diep in iedere mens leeft dit verlangen om helemaal aan God te behoren, om God te behagen en in zijn liefde te treden. Het is de menselijke origine en tegelijk zijn bestemming die hem daartoe uitnodigt. Maar deze uitnodiging wordt verdrongen, wordt bedolven onder de zaken van de wereld, onder de passies die alles overroepen. Iedere mens is uiteindelijk geroepen om een leven te leiden waarin God alles in alles is (cf. 1 Kor. 15, 28), waarin God de uiteindelijke vervulling van de mens wordt. Maar door het feit afwijzend te staan tegenover deze ultieme boodschap aan het leven, ontwikkelt men gemakkelijk een afwijzende houding tegenover hen die wel proberen daarvoor open te staan en dit bezegelen met de staat van hun leven. Maar misschien hoort het juist bij de profetische dimensie om ook met deze minachting, spot en afwijzing te leren leven, daar rustig bij te blijven en ondanks alles te blijven verwijzen naar de God die 'alles in alles en allen is'. Om het nog wat scherper te formuleren: we zouden zelfs kunnen stellen dat de ongehuwde levensstaat de meest natuurlijke is, omdat hij het meest rechtstreeks verwijst naar onze eindbestemming, waar God alles in allen zal worden. Maar opnieuw mag deze stelling niet begrepen worden als een zichzelf hoger schatten en het creëren van een superioriteitsgevoel van hen die tot het godgewijde celibaat zijn geroepen.

4.3.3. De missionaire dimensie

Zoals gesteld is het Koninkrijk van God ook nog steeds komende: we zijn nog op weg en we moeten als christenen verder werken opdat het Koninkrijk ten volle zou doorbreken. Daarom zijn er mensen nodig die zich volledig willen inzetten opdat het Rijk zou komen. Deze inzet slaat op de wereldbetrokkenheid van de godgewijden, die als een consequentie van hun godgewijd celibaat heel beschikbaar worden voor de zaak van de Heer, de zorg voor zijn mensen.

Het godgewijde celibaat moet dus steeds een vruchtbare aangelegenheid zijn. Zoals het huwelijk steeds moet openblijven voor de vruchtbaarheid, zal dit ook het geval zijn voor het godgewijde celibaat, dat een spirituele vruchtbaarheid moet inhouden. Al doet men afstand van de menselijke vruchtbaarheid die typisch is voor het huwelijk, men mag geen steriel leven gaan leiden omwille van het Koninkrijk. Steriliteit is het ergste dat een mens kan overkomen: een leven dat zich toeplooit op zichzelf, dat genoeg heeft aan zichzelf, dat zich in totale zelfbetrokkenheid en zelfgenoegzaamheid afsluit van de werkelijkheid. En jammer genoeg kennen we dergelijke religieuzen die in naam van de Heer nog alleen bezorgd zijn voor hun eigen spiritueel leven. Maar over welke spiritualiteit gaat het hier? Een steriele spiritualiteit, een wereldvreemde spiritualiteit, die zich uitsluitend inlaat met de zogenaamde eigen heiligheid. Maar ook deze heiligheid wordt een karikatuur wanneer ze niet vruchtbaar wordt naar de anderen toe, wanneer ze het hart van de persoon in kwestie niet wijd opent naar de andere toe, naar diegene in nood, naar de arme. Men hoeft geen apostolische religieus te zijn om een missionair leven te leiden. Het prototype hierbij is wel de H. Teresia van Lisieux die de patroonheilige werd van de missies zonder haar slotklooster in Lisieux te verlaten. Maar vanuit haar slotklooster ontwikkelde ze een liefdesband met de ganse wereld zodat ze kon uitroepen: 'Mijn roeping is liefde'(13). Zij werd spiritueel zeer vruchtbaar, doorheen haar gebed voor de medemensen, doorheen haar brieven aan gevangenen, missionarissen, vreemden aan wie ze Gods liefde wilde mededelen.

Het godgewijd celibaat maakt mensen effectief ook meer beschikbaar om zich in te zetten voor anderen. Doorheen de geschiedenis hebben religieuzen gezorgd voor kinderen, zieken, gehandicapten, voor mensen die in de maatschappij als marginalen werden beschouwd. Ze werden hun broeders en zusters in de meest letterlijke zin van het woord door zich gratuit voor hen in te zetten. De zorg voor het Koninkrijk van God uit zich ook en vooral in de navolging van Jezus in zijn zorg voor de armen, de zieken, de kleinen. Het mag dan ook verwacht worden dat religieuzen zich meer dan anderen inzetten voor hen die niet meer meetellen in de maatschappij, dat ze naar plaatsen gaan waar anderen niet kunnen of willen gaan; het is de consequentie van hun godgewijd celibaat, het is hun wijze van vruchtbaarheid in de wereld. Natuurlijk mag het godgewijd celibaat niet verengd worden tot de grotere inzetbaarheid voor de medemens: het gevolg mag niet verward worden met de reden, de oorzaak en de oorsprong.

4.3.4. De verbondsdimensie

Het godgewijde celibaat drukt ten slotte de onverbrekelijke band uit die bestaat tussen Christus en de mens zoals deze wordt gevat in het beeld van Christus die de bruidegom is van de Kerk. Door zijn menswording heeft Christus een verbond gesloten met de Kerk en met de hele mensengemeenschap, verbond dat gestalte krijgt in de speciale relatie die Christus heeft met ieder van ons. Op het kruis werd deze band met de ganse mensengemeenschap gesloten, op hetzelfde kruis wordt ons persoonlijk verbond met Christus voltrokken. Het godgewijde celibaat houdt dan ook een afsterven van de zonde in en een blij opkijken van op het kruis naar de verrezen Christus die onze verlossing heeft mogelijk gemaakt. Door het godgewijde celibaat wordt ons lichaam gekruisigd, worden de passies ontdaan van de absoluutheid waarmee ze de mens willen innemen, sterven we aan onze passies. Bij het uitspreken van de religieuze geloften van gehoorzaamheid, armoede en zuiverheid biedt de religieus zijn gepassioneerd leven aan aan de Heer, plaatst hij zijn leven op het kruis om met Christus aan zijn passies te sterven. De passies blijven natuurlijk aanwezig, maar verliezen hun imperium. Ze worden instrumenten om ons levensproject met Christus waar te maken en uit te bouwen. Het is een versterving die een diepe vreugde als perspectief heeft, een vreugde die vooral gericht is op de hoop om eenmaal het verbond met Christus ten volle en voor goed te kunnen beleven. Versterving, onthouding tot het pijn doet, horen bij het godgewijd celibaat, zijn nooit doel op zich maar gericht op dit verbond met de Heer, en staan altijd in het licht van het Paasmysterie. Zonder Pasen, zonder de verrijzenis, heeft het kruis geen zin; zonder het perspectief van de verrijzenis heeft ook het godgewijde celibaat geen zin en kan het alleen gezien worden als een vrij gekozen levenswijze om een bepaald levensproject uit te bouwen. Wanneer het zich daartoe zou beperken, wanneer het zou gelegitimeerd worden door de grotere beschikbaarheid die het tot gevolg heeft, zou het weliswaar waardevol blijven maar aan zijn echte motivatie voorbijgaan. Jongeren kunnen kiezen voor het religieuze leven om zich beter te kunnen inzetten voor de medemens, om naar de missielanden te kunnen vertrekken, maar zullen moeten komen tot een verdieping van hun roeping en vooral van de motivatie van hun keuze voor het godgewijd celibaat. En deze verdieping heeft juist met dit verbond te maken dat Jezus sloot met de mens en dat Hij met sommigen wil beleven alsof de eindtijd reeds was aangebroken. In de vorming van jonge religieuzen is het dan ook van essentieel belang dat aan deze verdieping wordt gewerkt, dat jongeren daarin worden begeleid, bevraagd. Het beeld van een professie als een huwelijk is vandaag grotendeels verlaten, maar blijft zijn waarde behouden omdat het toch ook het huwelijksverbond is dat God doorheen de bijbel steeds opnieuw gebruikt om zijn relatie met de mens te beschrijven. Het huwelijk is het meest intense verbond dat mensen met mekaar kunnen sluiten; het is dezelfde intensiteit die God gebruikt om zich aan de mens te binden. Het is dat beeld dat aan de mens wordt aangeboden om zijn relatie met God te begrijpen. Ook al is een professie van een totaal andere orde dan een huwelijk, het verbond dat erin gesloten wordt is wel vergelijkbaar en derhalve 'bruikbaar' als beeld.

4.4. Besluit

Tijdens deze reflectie hebben we geprobeerd het godgewijde celibaat te omschrijven in zijn verschillende dimensies en vooral wat zijn grond en motivatie betreft.

Iedere omschrijving houdt haar beperkingen in, en zal aangevuld worden met levende voorbeelden van mensen die dit godgewijd celibaat beleven en er een eigen persoonlijke invulling aan geven. Het zijn vooral deze voorbeelden die ons zullen doen begrijpen wat deze eschatologische, missionaire, profetische dimensies inhouden, wat het betekent het verbond met de Heer te beleven. Het zijn ook deze voorbeelden die ons tot een volgende stap uitnodigen, nl. na te denken over een spiritualiteit van het godgewijd celibaat en ook proberen dit onder woorden te brengen. Het wordt het volgende hoofdstuk van onze bescheiden studie en meditatie.

Noten:

1. Orduna, Carlos, Le célibat évangélique dans le contexte africain. Côte d'Ivoir, Minerva, 1995, p. 57 .
2. Terruwe, A. A. A., De liefde bouwt een woning. Lochem, De Tijdstroom, 1982, p.
3. Stockman, René, De maat van de liefde is liefde zonder maat. Leuven, Davidsfonds, 1999, p. 28-29.
4. Bonnewijn, Olivier, Ethique sexuelle et familiale. Paris, Editions de l'Emmanuel, 2006, p. 58.
5. Johannes-Paulus II, Familiaris consortio, apostolische exhortatie over het gezin. Brussel, Licap, 1981, p. 17.
6. Bonnewijn, o.c. p. 60.
7. Schneiders, Sandra, Selling all. New Jersey, Paulist Press, 2001, p. 125.
8. Perfectae caritatis, in Constituties en decreten van het tweede Vaticaans oecumenisch concilie. Amersfoort, Katholiek Archief, 1967, p. 198.
9. Cantalamessa, Raniero, La virginité. Paris, Ed. du Lion de Juda, 1990, p. 60.
10. Cantalamessa, o.c . p. 32.
11. Bonnewijn, o.c. p. 57.
12. Cantalamessa, o.c. p. 14.
13. Teresia van Lisieux, Mijn roeping is de liefde. Brugge, Desclée De Brouwer, 1957, p. 170.

5. Spiritualiteit van het godgewijde celibaat

'Niet jullie hebben Mij uitverkoren; nee, Ik heb jullie uitgekozen en Ik heb jullie de taak gegeven erop uit te gaan en vrucht te dragen, vruchten die blijvend zijn' (Jo. 15, 16). Met deze uitgangstekst van Jezus worden we in de goede richting geplaatst om na te denken over de spiritualiteit van het godgewijde celibaat. Het gaat inderdaad om een uitverkiezing van de Heer, een keuze van zijnentwege, en het antwoord dat de mens daarop geeft. Het godgewijde celibaat is een gave ontvangen van God vooraleer het een gave wordt die aan God wordt gegeven (1). Het is niet zodanig een persoonlijk levensproject, maar een antwoord op een particuliere vraag. Het is met andere woorden een roeping in de volle betekenis van het woord. En het is een roeping die de mens oproept tot een zeer bijzondere levensstaat die alles in het leven zal bepalen, net zoals ook het huwelijk al de rest van het leven bepaalt.

Het godgewijde celibaat is een charisma, aan die ene persoon geschonken, zoals dit door Paulus wordt bepaald: 'Ik zou wel willen dat alle mensen waren zoals ikzelf, maar ieder heeft nu eenmaal van God zijn eigen gave ontvangen, de een deze, de ander die' (1 Kor. 7, 7). Of zoals Petrus het aangeeft: 'Dien elkaar, als goede beheerders van Gods veelsoortige genade, met de gaven zoals ieder die heeft ontvangen' (1 Petr. 4, 10). 'Zoals ieder die heeft ontvangen': ieder charisma is een persoonlijke gift van de H. Geest aan een persoon, uniek in zijn vorm en inhoud, met de uitnodiging daarop te antwoorden via een persoonlijk levensengagement, voor zijn persoonlijke heiliging en de heiliging van de gemeenschap.

Het is terug Paulus die een schitterende omschrijving geeft wat een charisma betekent: 'Er zijn verschillende gaven, maar de Geest is een en dezelfde. Er zijn verschillende vormen van dienstverlening, maar de Heer is een en dezelfde. Er zijn verschillende uitingen van bijzondere kracht, maar het is een en dezelfde God, die alles in allen tot stand brengt. Maar aan ieder van ons wordt de openbaring van de Geest gegeven tot welzijn van allen' (1 Kor. 12, 4-7).

Ieder charisma houdt steeds een dubbele uitnodiging in: deze van persoonlijke heiliging en deze van heiliging van de gemeenschap. We willen het godgewijde celibaat vanuit deze achtergrond proberen te doorlichten.

5.1. Het godgewijde celibaat als een charisma, genade, gave

Schneider geeft de volgende definitie van het godgewijde celibaat: 'Het godgewijde celibaat is een vrij gekozen antwoord op een persoonlijke roeping die haar grond vindt in een charisma, die religieus gemotiveerd is en zich uit in seksuele onthouding en waarbij de levenslange toewijding aan Christus uitwendig gesymboliseerd wordt door de ongehuwde levensstaat' (2). In de verdere uitwerking beklemtoont zij dat deze elementen simultaan aanwezig moeten zijn: het moet steeds gaan om een charisma, vrije gave, roeping, die niet kan worden opgelegd; er moet steeds een religieuze motivatie aan de basis liggen en de bereidheid moet aanwezig zijn de ongehuwde levensstaat in seksuele continentie te beleven.

Hierbij wordt het onmiddellijk duidelijk dat het celibaat nooit kan opgelegd worden als voorwaarde om in te treden in het religieuze leven; het is de levenswijze die eigen is aan het religieuze leven als totale gave aan God en aan God alleen. De toewijding in het religieuze leven sluit alle andere banden uit, inclusief het huwelijk, en is dus niet iets dat er omwille van bepaalde omstandigheden erbij genomen wordt of als bijkomende voorwaarde kan worden gesteld. Eigenlijk is het niet passend te spreken over de celibaatsplicht binnen het religieuze leven. Neen, het is het wezen van het religieuze leven, net zoals de huwelijksbelofte het wezen is van binding tussen een man en een vrouw in het huwelijk, en men dan toch ook niet gaat spreken over een huwelijksplicht.

Men kiest niet voor het godgewijde celibaat om binnen te treden in het Koninkrijk, maar men kiest ervoor omdat het Koninkrijk reeds is ingetreden in ons (3). Het is het gevolg van Gods keuze die in ons het verlangen doet groeien voortaan volledig beschikbaar en open te blijven voor zijn liefde en dit gestalte te geven met alle faculteiten van ons menselijk bestaan: geestelijk en lichamelijk.

Bij de uitnodiging om de Heer volledig toe te behoren ontvangt diegene die daartoe geroepen wordt tegelijk de genade om positief te antwoorden. De uitnodiging houdt tegelijk de gave in en de kracht om waar te maken wat men gevraagd wordt. Het is een roepingsgenade in de volle zin van het woord: uitnodiging en kracht om te kunnen antwoorden. 'Evenzo komt de Geest onze zwakheid te hulp. Want wij weten niet eens hoe wij behoren te bidden, maar de Geest zelf pleit voor ons met onuitsprekelijke verzuchtingen' (Rom. 8, 26).

Indien het godgewijde celibaat een charisma is, dient het ook op een charismatische wijze te worden beleefd en kunnen we spreken over de spiritualiteit van het godgewijde celibaat. Welke zijn nu de elementen die bepalend zijn voor deze spiritualiteit?

5.2. Het godgewijde celibaat als een charismatisch antwoord

Heel het godgewijde celibaat dient te baden in het diepe besef dat het een roeping, een gave, een genade is die men van God om niet heeft ontvangen. Dit ontneemt deze levenswijze de waan dat ze gebaseerd is op louter menselijke inspanning, op een stoïcijnse afwijzing van de seksuele genoegens en op een edelmoedig levensproject dat de persoon in kwestie heeft aangegaan. Het vraagt inderdaad inspanning, versterving en edelmoedigheid, maar deze is slechts het antwoord van de mens op een roeping die baadt in genade, gave en kracht. Dit moet de mens nederig maken, doen beseffen dat de gave van zijn celibaat slechts een 'inspelen is op genade', zoals het zo mooi werd verwoord door Abt Louf in zijn gelijknamig boek (4). Nederigheid is dan ook de eerste eigenschap die we willen aangeven als element van het godgewijde celibaat. De nederigheid is het tegengif van de hoogmoed, de idee en het besef dat het wijzelf zijn die ons leven realiseren, steunend op onze eigen krachten. De hele paradox van het evangelie is daarop gebouwd: het besef dat we ons leven moeten verliezen willen we het vinden; het besef dat juist in zwakheid onze sterkte wordt geboren. Het is opnieuw Paulus die ons daarin begeleidt: 'Denk maar aan uw eigen roeping, broeders en zusters. Naar menselijke maatstaf waren daar niet veel geleerden bij, niet veel machtigen, niet velen van hoge afkomst. Nee, wat voor de wereld dwaas is, heeft God uitgekozen om de wijzen te beschamen; wat voor de wereld zwak is, heeft God uitgekozen om het sterke te beschamen; wat voor de wereld van geringe afkomst is en onbeduidend, heeft God uitgekozen; wat niets betekent koos Hij uit, om teniet te doen wat wel iets betekent, opdat tegenover God geen mens zich zou beroemen op zichzelf' (1 Kor.

1, 26-29). Het klinkt hierbij duidelijk: we dienen ons nederig en zwak op te stellen, opdat tegenover God geen mens zich zou beroemen op zichzelf, opdat niemand de gave van het godgewijde celibaat als een eigen verdienste zou beschouwen.

'Als er toch geroemd moet worden, zal ik roemen op mijn zwakheid.... Opdat de kracht van Christus in mij zal wonen. Ter wille van Christus zal ik daarom graag zwak zijn: in smaad, nood, vervolging en benauwdheid. Want als ik zwak ben, dan ben ik sterk' (2 Kor. 11, 30 – 12, 9-10). Juist wanneer we ons zwak voelen, groeit de nood om ons te richten naar God om zijn genade en kracht af te smeken. Mensen die genoeg hebben aan zichzelf, die menen op eigen kracht te kunnen rekenen, vragen niet naar God, sluiten zich af voor zijn genade, en wat eens begon als een roeping van God aan de mens, verwordt tot een eigen project van de mens, los van God en gebouwd op eigen kracht en succes. Het charisma van het godgewijde celibaat verliest hierbij zijn charismatisch antwoord.

De hoogmoed is de ergste zonde, en teistert de mens voortdurend. Het is dan ook de opgave voortdurend te strijden tegen de hoogmoed en om de genade van de nederigheid te bidden. God gebruikt ook het concrete leven en de vele ontmoetingen en gebeurtenissen om mensen nederig te maken. Het zijn onze smaad, nood, vervolging en benauwdheid, waarvan sprake bij Paulus, die de bron worden van onze groei in nederigheid. Telkens roepen ze een halt toe aan onze waan het allemaal zelf te kunnen realiseren, het succes op onze eigen rekening te schrijven. Als we het huwelijk en het celibaat naast mekaar plaatsen en ons afvragen welke van de twee levensstaten de meeste garantie biedt te groeien in nederigheid, dan moeten we het huwelijk vooropstellen, want juist in het huwelijk worden man en vrouw voortdurend met elkaar geconfronteerd, ontstaat er de heilvolle correctie, het doorprikken van de hoogmoed die de zelfgenoegzaamheid tot gevolg heeft. Idealiter moeten man en vrouw in het huwelijk met elkaar rekening houden, zichzelf vernederen en zich ondergeschikt opstellen tegenover elkaar. Dus houdt het huwelijk in theorie meer garantie in om te groeien in nederigheid dan het celibaat. Want in het celibaat staat de persoon alleen, weliswaar godgewijd gericht naar God en van daaruit verondersteld open naar anderen, maar in zijn meest intieme momenten blijft hij fysiek en psychisch alleen. Hierbij is het gevaar niet denkbeeldig dat de persoon binnen het godgewijde celibaat zijn relatie met God op een eng-spirituele basis zal uitbouwen en dit isoleert van de rest van zijn leven, zodat hij ongenaakbaar wordt voor zijn omgeving. Hij mist de heilvolle vernederingen die eigen zijn aan het intiem samenleven met een andere en mist daarmee de kans om te groeien in nederigheid. Cantalamessa haalt de ludieke opmerking aan dat een bezoeker van het

Port-Royal-klooster, dat gekenmerkt was door een hoogstaande cultuur, in zijn rapport schreef: 'Deze vrouwen zijn puur als engelen, maar hoogmoedig als demonen' (5). Wat wellicht in extreme mate aanwezig was in Port-Royal, kan echter ook in eenieder aanwezig zijn of sluimeren: een verblindheid die door gebrek aan eerlijke zelf-evaluatie en heilvolle correcties van anderen voedsel geeft aan de zelfgenoegzaamheid: men is tevreden met de wijze waarop men zijn leven uitbouwt, men sluit zich meer en meer op in zijn eigen leefwereld, men gaat op de vlucht voor de oproepen en uitnodigingen die op hen afkomen, en men acht zichzelf beter dan de anderen. Men gaat dan spreken van 'mijn' religieus leven, 'mijn' godgewijd celibaat, 'mijn' heiligheid,...

Nederigheid groeit natuurlijk ook door dagelijkse contemplatie, door het zich laten beschijnen door het Woord van God, het zich laten bevragen door de uitnodigingen die opklinken uit de evangelische boodschap. God, de anderen en onszelf werken samen om de angel van de hoogmoed uit ons hart te halen en in de ontstane wonde de nederigheid te laten groeien. De nederigheid die de basis vormt van een echt spiritueel leven, vormt dit ook voor het godgewijde celibaat dat de omkadering is voor het spirituele leven waartoe de religieus is geroepen.

Het godgewijde celibaat is steeds gecentreerd op Christus en de komst van het Rijk, zoals Christus zelf helemaal gericht was op de wil van zijn Vader en de komst van het Rijk Gods op aarde. Hier ontmoeten de mystieke en de apostolische motivatie mekaar, die in het vorige hoofdstuk reeds werden besproken als existentiële en profetische dimensie van het godgewijde celibaat. Maar in de beleving dienen deze dimensies steeds samen te gaan. Aan hen aan wie God de gave geeft van het godgewijde celibaat wordt een enorme vrijheid en beschikbaarheid geschonken om zich totaal te concentreren op Jezus en de komst van het Rijk. Spiritueel en apostolisch leven vloeien uit mekaar voort, bevruchten mekaar en versterken mekaar. Het is vanuit de Godsrelatie dat de relatie met de medemens en de omgeving wordt uitgebouwd, en het is met de ervaringen van lijden, de pijn maar ook de vreugde van de wereld dat men opnieuw naar God gaat. Moeder Teresa stelde dat het uur doorgebracht vóór het tabernakel moet leiden naar een uur dienstbaarheid aan de armen. Ze trad hiermee in de lijn van Vincentius a Paulo die stelde dat de dienst aan de arme gebed is op voorwaarde dat we God eerst in gebed ontmoeten. Vrijheid en beschikbaarheid in de relatie met God voert naar eenzelfde vrijheid en beschikbaarheid in de relatie met de medemens. Iedere godgewijde zal zich de vraag moeten stellen of deze beschikbaarheid consequent wordt doorgetrokken vanuit zijn godsrelatie naar zijn relatie met de medemens. Of schenkt de grotere vrijheid eerder een extra mogelijkheid om meer met zichzelf bezig te zijn, zich te nestelen in een veilig en berekend bestaan. Soms is het goed dat de godgewijde even in gesprek gaat met de gehuwde om te ontdekken hoe men als huisvader of –moeder heel veel tijd moet besteden aan het gezin, aan de opvoeding van de kinderen, aan de zorg voor het dagelijks leven. In de meeste gevallen kan de religieus genieten van een goed uitgebouwd kader, waar de praktische zorgen voor het dagelijkse leven in de gemeenschap worden gedragen. Hij of zij moet niet koken, niet wassen, geen aankopen doen, en zelfs niet kuisen. Hij of zij moet 's nachts niet opstaan om voor de zieke kinderen te zorgen, of 's morgens heel vroeg te zorgen dat het ontbijt op tafel staat en de kinderen op tijd naar school worden gebracht. Zo komt er veel tijd, ja, zelfs heel veel tijd vrij, beschikbaar. Maar hoe wordt deze tijd ingevuld? Wordt die besteed voor Christus en de komst van het Rijk, of eerder voor eigen genoegens en ontspanning. Voor Christus: tijd voor meer gebed, bezinning, contemplatie, geestelijke studie, ontwikkelen van een spiritueel leven; en voor de komst van het Rijk: inzet voor de medemens, beschikbaarheid voor de armen, voor hen die op ons een beroep doen, voor de zorg van de 'zielen' zoals in het vorig hoofdstuk uitgedrukt en voor onze vele 'geestelijke' kinderen die ons door Jezus werden beloofd. 'Ik verzeker jullie, er is niemand die zijn huis, zijn vrouw, broers en zusters, ouders of kinderen heeft achtergelaten omwille van het koninkrijk van God, of hij krijgt dat in deze tijd veelvoudig vergoed, en in de komende wereld krijgt hij eeuwig leven' (Lc. 18, 29-30). Grotere vrijheid en beschikbaarheid zijn een realiteit in het leven van de godgewijde, maar het blijft een opgave om deze vrijheid en beschikbaarheid ook godgewijd in te vullen, mystiek en apostolisch.

De vrijheid slaat ook op de wijze waarop men de celibataire levenswijze en de seksuele onthouding beleeft: vanuit en met een diepe innerlijke vrijheid, zonder complexen, taboes of schrik. Misschien werd vroeger te veel nadruk gelegd op de schrik, het taboe rond de seksualiteit en de vrees om de zuiverheid te verliezen. Er was een gevaar dat men gefixeerd geraakte op de vrees te zondigen en daardoor te weinig het positieve mocht ervaren van een zuiver leven in onthouding. Versterving en ascese blijven een opgave, maar mogen nooit doel op zich worden, want dan kunnen ze gemakkelijk overslaan in een eigen egocentrisch streven naar de volmaaktheid dat dan meer de hoogmoed zal strelen dan de nederigheid bevorderen. Het is juist wanneer men ootmoedig zijn eigen zwakheid aanvaardt, deze zwakheid in de ogen durft zien en deze voor God kan brengen dat God zijn helend werk kan doen en de zwakheid in sterkte omvormen.

Misschien kunnen we hier de overstap maken naar de versterving die zeker een wezenlijk deel blijft uitmaken van de beleving van het godgewijde celibaat. Door het feit dat het godgewijde celibaat de seksuele onthouding veronderstelt, zal het een opgave blijven zich op dit vlak te versterven, zich bewust te blijven van zwakheid en zondigheid, vooral blijven erkennen dat de passie een blinde kracht kan zijn indien ze gewoon de absolute vrijheid wordt gegeven. Terecht lezen we in het Hooglied: 'Want de liefde is sterk als de dood, met de onverbiddelijkheid van het dodenrijk sluit zij ieder ander buiten. Haar vonken zijn bliksemschichten, vlammen van de Heer' (Hooglied, 8, 6). In deze tekst waarin de sterkte van de liefde wordt bezongen, kan men ook het alles overweldigende van de passie ontdekken, een passie die al het andere buitensluit, verblindt, overheerst. Het is met dit overweldigende dat ieder van ons wordt geconfronteerd en waarbij we geroepen worden positie in te nemen. Wordt dit een strijd met ongelijke wapenen, of een strijd waarbij we ons kunnen laten bijstaan door Gods genade? Wanneer het een strijd wordt die aan onze eigen krachten wordt toevertrouwd, dan is het gevaar aanwezig dat we in een kramp geraken, in constante ademnood, psychisch getormenteerd en sociaal geïsoleerd. Versterving moet een samenspel blijven van genade en eigen inspanning, maar met een inspanning die ondergeschikt blijft aan de genade. En zoals reeds aangehaald mag versterving ook geen doel op zich zijn, maar altijd in functie worden gezien van onze exclusieve relatie met God en onze inzet voor de komst van zijn Rijk. We dienen net zoals Jezus te herhalen dat het onze opdracht is de wil van de Vader te doen. En de wil van de Vader over ons leven is dat we ons leven heiligen, heilig worden zoals Hij heilig is, en meewerken aan de heiliging van de wereld. Eenmaal deze opdracht, deze roeping en zending duidelijk wordt, krijgt de versterving van onze passies een doel en kunnen de passies geleid worden in functie van het bereiken van dit doel. Want ware versterving zal erin bestaan de positieve krachten die in onze passies aanwezig zijn te laten groeien, en de destructieve krachten om te buigen en te beheersen door ze onder de primauteit van de rede en de moraal te plaatsen. Op het vlak van de seksuele onthouding, die toch een belangrijke aangelegenheid blijft in de beleving van het godgewijde celibaat, zullen het vooral de ogen zijn die we moeten versterven. Vandaag, nog meer dan vroeger, leven we in een visuele wereld, waar de boodschappen via het beeld worden aangebracht. Televisie, tijdschriften, internet en reclame zijn volledig gericht op het overbrengen van beelden en het is opvallend hoeveel tijd er besteed wordt om naar deze beelden te kijken. Vooral het internet biedt de gelegenheid op een vrij individuele en geïsoleerde wijze de beelden op te zoeken die men wenst te zien en daar heel veel tijd aan te besteden. Het vraagt eerlijkheid met zichzelf, discipline om dit goed te beheersen, willen we niet zelf door de beelden beheerst worden. Het vraagt een eerlijke bezinning hoeveel van de grotere beschikbare tijd men als religieus gebruikt of misbruikt in het bekijken van beelden die de geest diep kunnen beïnvloeden. Kan de tijd doorgebracht voor de televisie of voor het computerscherm niet beter besteed worden in functie van onze relatie met God en zijn Rijk? En we spreken hier nog niet over de beelden die de seksuele denkwereld als dusdanig beïnvloeden en de gelofte van zuiverheid zwaar op de proef kunnen stellen. We zullen daar later nog op terugkomen. Het is goed hier de woorden van de psalmist in herinnering te brengen: 'Laat het zinloze mijn oog niet verblinden, laat mij leven vinden op uw weg' (Psalm 119, 37). God verlangt dat we onze ogen zuiver houden, en dat we met een zuivere blik naar Hem mogen opzien.

Het godgewijde celibaat dient ook in vreugde te worden beleefd. Indien het geen vreugde brengt in het leven, diepe levensvreugde, dan scheelt er iets met de motivatie. Want een charisma als gift van de H. Geest zal als gave ook de vruchten kennen van de H. Geest: 'De vrucht van de Geest is liefde, vreugde, vrede, geduld, vriendelijkheid, goedheid, vertrouwen, zachtmoedigheid, zelfbeheersing' (Gal. 5, 22-23). In feite zouden we alle vruchten moeten doorlopen en ons afvragen of ze in het leven van de religieus aanwezig zijn. Maar de vreugde is wel een bijzondere deugd, omdat door het afwijzen van de seksuele beleving binnen het godgewijde celibaat de overtuiging zou kunnen groeien dat daarmee ook de vreugde in het leven wordt afgezworen. Het is het beeld dat inderdaad soms wordt opgehangen van hen die tot het godgewijde celibaat zijn geroepen: gefrustreerde mannen en vrouwen die hun leven doorbrengen in versterving en betreuren dat ze de geneugten van het leven moeten missen. Ook hier wordt echter een karikatuur opgehangen, die jammer genoeg soms wordt gevoed door religieuzen die allesbehalve de vreugde uitstralen of denken dat hun leven in seksuele onthouding ook een onthouding van de liefde inhoudt. Versterving aan de seksuele genoegens is totaal iets anders dan versterven aan de liefde en de vreugde. Het moet een versterving zijn die juist wegen opent voor een diepere vreugde, een spirituele diepgang in de relatie met God die een innerlijke rust geeft die men in de 'wereld' niet kan vinden. En het is vanuit deze innerlijke rust, vrede en vreugde dat de religieus naar de wereld zal gaan om deze rust, vrede en vreugde te delen met velen. We kennen gelukkig ook religieuzen die reeds bij de eerste ontmoeting opvallen door hun rust, vrede en vreugde. Hen ontmoeten is vreugde ontmoeten, is gesterkt worden en ten diepste bemoedigd zonder dat er zelfs veel woorden worden gesproken.

Ten slotte dient ook het belang van de communiteit voor een gezonde celibaatsbeleving onderstreept te worden. Men kan niet komen tot een harmonische uitbouw van zijn persoonlijkheid zonder echte en diepe interpersoonlijke relaties. Men heeft nood aan een zekere sociale controle, die heilvolle correcties en opmerkingen, maar evenzeer aan vriendschapsbanden die het celibaat in zijn eenzaamste momenten draagbaar blijft houden. Eenzaamheid is inherent aan het godgewijd celibaat, zoals eenzaamheid in iedere levensstaat aanwezig blijft, ook in het huwelijk. Geen enkele relatie zal erin slagen om de diepe eenzaamheid die in iedere mens aanwezig is, te overbruggen. Het blijft onmogelijk volledig bij de andere in te treden, bij hem of haar thuis te komen. Zowel bij de persoon in kwestie als in die andere blijven ruimten onontsloten voor derden. Dit zal nog meer het geval zijn bij hen die celibatair leven en geen intieme relatie met één persoon uitbouwen. Maar toch kan vriendschap binnen en buiten de communiteit belangrijk zijn, ja, essentieel om bij mekaar te kunnen thuiskomen, op verhaal te komen, om de zorgen en de vreugden met mekaar te kunnen delen. Anderzijds nodigt de communiteit ons telkens opnieuw uit om onze neiging tot opsluiting in een eigen zelfgenoegzame leefwereld te doorbreken, om open te komen voor de andere en ons in te zetten voor de andere, een inzet die begint in de eigen leefgemeenschap en die zijn heilvolle uitvloeisels zal hebben naar de ruimere omgeving. Is het niet één van de grote problemen van diocesane priesters en alleenwonende religieuzen dat ze juist die band met een leefgemeenschap moeten ontberen en daardoor dreigen te verzanden in een leven dat zich uitsluitend gaat richten naar het werk, of waarbij de eenzaamheid verwordt tot een negatieve vereenzaming waar compensaties de leegte moeten opvullen. Het blijft belangrijk dat ook deze priesters en religieuzen een thuisbasis vinden waar ze met anderen op verhaal kunnen komen, waar ze liefde kunnen delen en bevestiging mogen ontvangen en zelf geven, en waar de wederzijdse vergeving het moment wordt om steeds opnieuw te kunnen beginnen, in eigen leven en in groep.

Wellicht mogen we deze bezinning over de spiritualiteit van het godgewijde celibaat niet afsluiten zonder een verwijzing naar Maria, die als geen andere en als eerste de godgewijde maagdelijkheid heeft beleefd. Door haar onbevlekte ontvangenis werd ze voorbereid om de Verlosser te ontvangen. Als moeder van de Barmhartigheid en de Verlosser was ze de eerste om van bij haar eigen ontvangenis de vrucht van de barmhartigheid en de verlossing te mogen ontvangen. Als maagd werd ze geroepen om haar maagdelijkheid beschikbaar te stellen om de menswording mogelijk te maken. De onbevlekte maagd werd moeder en bracht zo haar maagdelijkheid tot vruchtbaarheid, waardoor ze niet alleen moeder werd van Christus, maar door Hem ook de moeder van velen, van allen. Hiermee werd ze het archetype van de godgewijde maagdelijkheid, hoe deze maagdelijkheid juist in haar godgewijdheid tot diepe vruchtbaarheid kan uitgroeien. Maria mag ons hierbij tot voorbeeld zijn en ons godgewijd celibaat verheffen tot een spiritualiteit waar nederigheid, vrijheid en beschikbaarheid, vreugde, de gecentreerdheid op Christus en de komst van het Rijk, maar ook versterving en onthouding ons helpen om steeds meer open te komen voor Gods genade die onze eigen inspanning om godgewijd te leven machtig mag sterken. Ons gebed tot Maria, als Maagd, Moeder, Middelares en Koningin van de zuiverheid mag ons tot slot het charisma van het godgewijd celibaat blijven schenken als gave van God die we met de gave van ons leven mogen en willen beantwoorden.

Noten:

1. Bonnewijn, Olivier, Ethique sexuelle et familiale. Paris, Ed. de l'Emmanuel, 2006, p. 71.
2. Schneider, Sandra, Selling all. New Jersey, Paulist Press, 2001, p. 117.
3. Cantalamesse, Raniero, La Virginité. Paris, Ed. du Lion de Juda, 1990, p. 66.
4. Louf, Andre, Inspelen op genade. Tielt, Lannoo, 1983, pp. 196.
5. Cantalamesse, o.c. p. 69.

6. De gelofte van zuiverheid

De geloften die religieuzen uitspreken bij hun professie dienen gezien te worden als wegwijzers waarop met de passies in het kader van de door hen vrij gekozen levensstaat wordt geleefd. Dikwijls wordt verwezen naar de drievoudige bekoring van Jezus in de woestijn en zijn drievoudig antwoord dat Hij geeft aan de duivel dat finaal in één zin kan worden samengevat: 'De Heer uw God zult u aanbidden en Hem alleen dienen' (Mt. 4, 10). Macht, bezit en genot worden aan Jezus aangeboden om zijn rijk uit te bouwen, net zoals die ook aan ons worden aangeboden om ons leven vorm te geven. Het zijn de drie passies die sterk leven in de mens en die hem de nodige krachten geven om actief in de wereld te staan. Macht, bezit en genot zijn op zich neutrale waarden die kunnen uitgroeien tot zowel deugden als ondeugden, in functie van de plaats die ze ontvangen in het leven en de wijze waarop ze al dan niet oriënterend en heersend worden in het leven. Iedereen kent deze passies en iedereen staat voor de opdracht die te richten opdat ze een positieve bijdrage zouden leveren in het levensproject dat hij of zij gekozen heeft.

Iedereen staat dan ook voor de opgave de passies te onderkennen en die te beleven vanuit de rede en in het licht van de moraal. Passies zijn blind en kunnen los van de rede en de moraal de mens volledig inpalmen, zodat hij de slaaf wordt van zijn passies. Macht, bezit en genot kunnen een doel op zich worden in het leven en niet meer een middel om iemands levensroeping gestalte te geven en uit te bouwen.

In iedere levensstaat geldt dan ook dat men meester wordt en meester blijft van de passies, ze oriënteert naar het levensproject dat men op zich heeft genomen en ze als positieve krachten gebruikt in de uitbouw van zijn leven. De geloften van gehoorzaamheid, armoede en zuiverheid, zoals die binnen het religieuze leven gestalte krijgen, gelden eigenlijk voor iedere levensstaat, maar zullen telkens conform deze levensstaat moeten ingevuld worden. Ook een gehuwde en een ongehuwde in de wereld moet gehoorzaam leven, d.w.z. gehoorzamen aan de algemene geboden en aan de verwachtingen die de andere en de anderen in hem of haar stellen. Hetzelfde geldt voor de armoede: iedereen moet de goederen van de aarde goed gebruiken, niet alleen voor eigen verrijking, maar in functie van de opbouw van de gemeenschap en bereid zijn te delen. En ten slotte moet iedereen kuis leven, opnieuw aangepast aan de levensstaat die men heeft gekozen. Een gehuwde moet trouw zijn aan zijn of haar partner en de seksualiteit richten in functie van de ontplooiing van de andere en niet alleen voor het eigen genot.

De drie geloften die door de religieuzen worden uitgesproken zullen dan ook sterk gelieerd zijn aan de celibataire levensstaat. Dit is het kader waarin de geloften moeten beleefd worden en het is dan ook passend dit uitdrukkelijk te vermelden bij het uitspreken van de professieformule om alle verwarring tussen de gelofte van zuiverheid en het godgewijde celibaat als dusdanig te vermijden. Het godgewijde celibaat is een levensstaat, terwijl de gelofte van zuiverheid zoals de andere twee geloften een deugd is die men zich eigen wil maken teneinde aan de gekozen levensstaat trouw te zijn. Het is de gelofte van zuiverheid die op een bijzondere wijze verbonden is aan het godgewijde celibaat, omdat ze een absolute opgave inhoudt, namelijk die van totale onthouding van iedere vorm van genitale seksualiteit. De geloften van gehoorzaamheid en armoede zijn minder verrijkend daar ze niet in hun meest absolute vorm kunnen en mogen beleefd worden. De gelofte van gehoorzaamheid is de religieuze invulling van de oproep gericht aan iedere christen om zijn leven te richten naar de wil van God en houdt geen absolute wegcijfering van de eigen wil in. De geschiedenis heeft immers geleerd dat een volledige onderwerping in blinde gehoorzaamheid aan zowel wereldlijke als kerkelijke regimes aanleiding kunnen geven tot ernstige afwijkingen, zowel in het leven van de persoon als van de groep. Hetzelfde geldt voor de gelofte van armoede: ook hier wordt binnen het godgewijde leven een religieuze invulling gegeven aan een oproep die voor alle christenen geldt. Een absolute beleving van de armoede is evenmin mogelijk en wenselijk, want ieder heeft nood aan minimale goederen om te overleven.

De gelofte van zuiverheid maakt hierop evenwel een uitzondering. De religieuze invulling van deze gelofte wordt omwille van het godgewijde celibaat tot een absolute norm verheven waarbij totale onthouding van iedere seksuele activiteit wordt vooropgesteld. Het past dan ook in het kader van deze studie over het godgewijde celibaat speciaal stil te staan bij de gelofte van zuiverheid.

6.1. Het wezen van de deugd van zuiverheid

Vandaag is het moeilijk te spreken over de zuiverheid omwille van de seksuele revolutie die in de Westerse landen wijd verbreid is geworden sinds de jaren '60 van vorige eeuw, maar die nu ook omwille van de steeds sneller gaande ontwikkelingen en de quasi onbeperkte communicatiemogelijkheden in het Oosten en het Zuiden opgang maakt. Het taboe van de seksualiteit is doorbroken, en iedere belemmering van de vrije uiting van de seksuele impulsen wordt als een aanslag op de menselijke vrijheid beschouwd. We zien daarvan de spijtige uitvloeisels, en gelukkig herontdekken jongeren vandaag vanuit een eerder negatieve ervaring de waarde van een zuiver en beheerst leven op het vlak van de seksualiteit. Maar de passie waarmee de menselijke natuur via de seksuele drift probeert de mens te overheersen is hevig en vraagt echt een cultuur van beheersing als tegencultuur van de heersende cultuur die sterk erotisch gekleurd is. Als ik me herinner hoe ik als jongere de kans had op te groeien in een omgeving waar op een zeer beheerste wijze met de seksualiteit werd omgegaan, waar men nog rood kleurde wanneer één van de studenten een erotisch gekleurde mop vertelde en pornografie gewoon afwezig was in het dagelijkse leven, moet ik mezelf gelukkig prijzen. Vandaag hebben de jongeren het heel wat moeilijker. Reclame, internet, televisie staan bol van de erotiek en binnen de jongerencultuur leeft een nieuwe mythe dat seksuele ervaringen een plaats moeten hebben in het normale groeiproces naar de volwassenheid. Het wordt bijna gênant te moeten zeggen dat men nog maagd is en bereid de seksuele activiteit uit te stellen tot aan het huwelijk. Persoonlijk heb ik het echt lastig met de erotische inkleuring van vele gesprekken, de allusies die gemaakt worden naar het erotische toe en die nu ook binnen de moderne literatuur met een eigen jargon blijkbaar bon ton zijn geworden.

Nochtans werd de zuiverheid altijd hoog geprezen, ook in culturen die het niet zo nauw namen met de seksuele beheersing. De zuiverheid werd gezien als een specifieke uitdrukking van de kardinale deugd van matigheid, die door Cicero werd omschreven als een overheersing van de rede op de sensuele verlangens en de andere ongeregelde neigingen van de ziel (1).

De zuiverheid als dusdanig kan dan ook omschreven worden als de vrije beheersing van de seksuele impulsen. Onmiddellijk dienen we eraan toe te voegen dat deze impulsen niet alleen organisch en biologisch zijn, maar ook de emoties en de gevoelens, de wil en het intellect beïnvloeden.

Het komt erop aan deze impulsen, deze seksuele passies, die, zoals reeds aangegeven blind zijn en op zoek zijn naar onmiddellijke bevrediging, ondergeschikt te maken aan de rede en de moraal. Wanneer men deze impulsen de vrije loop laat, gaan ze heel vlug overheersen en wordt de mens de slaaf van de geweldige kracht waarmee ze het lichaam binnentreden. Ze tasten tenslotte de vrijheid aan en doen de controle op het leven verliezen.

Wanneer we deze passie willen ondergeschikt maken aan de rede en de moraal, dan betekent dit dat de beheersing zal moeten gebeuren omwille van een hoger goed, niet omwille van de beheersing als dusdanig, van een zekere stoïcijnse omgang met het lichamelijke en de seksualiteit die dan duidt op een misprijzen van het lichaam en de seksualiteit. Misschien werd de zuiverheid in het verleden te veel en te uitsluitend gezien als een beheersing van de seksuele driften als dusdanig, die a priori als ongeregeld werden beschouwd en verbonden met de zondige toestand van het menselijke geslacht. De reactie om alles wat met seksualiteit te maken heeft te verheffen tot de grootste verworvenheid van de vrije mens is het andere uiterste en negeert de blinde krachten die eigen zijn aan de seksuele passie.

De zuiverheid zal dus zeker niet tot doel hebben om de sensuele krachten in de mens te vernietigen, om alles wat met het lichaam te maken heeft te negeren en te onderdrukken en om de seksualiteit en het genot als zondig en slecht af te zweren. Ik herinner mij dat een collega me ooit zei dat hij moeite had om het woord 'seksualiteit' uit te spreken vanuit een diep misprijzen van de seksuele realiteit van de mens. Blijkbaar was hij vergeten dat het lichaam met zijn seksualiteit door God is geschapen als een goed dat aan de mens is geschonken om te beheersen, te humaniseren. In zijn encycliek 'Deus Caritas est' is Paus Benedictus XVI erin geslaagd een totaal nieuwe toon aan te slaan wat de seksualiteit betreft. In zijn reflectie over de liefde van God is hij uitgegaan van de menselijke liefde, de eros zoals deze binnen het huwelijk wordt beleefd en die als een afstraling kan worden gezien van de goddelijke liefde, de agape. 'Liefde heeft ergens iets met het goddelijke te maken; liefde belooft oneindigheid, eeuwigheid – het grotere en geheel andere tegenover het alledaagse van ons bestaan. Er is echter ook dat de weg daarheen niet eenvoudigweg in de overweldiging door het instinct gevonden kan worden. Zuivering en rijping zijn nodig, die ook langs de weg van de onthouding leiden. Dat is geen verwerping van de eros, daardoor wordt de eros niet vergiftigd; hij wordt er juist door geheeld en teruggevoerd naar zijn ware grootsheid'. En hij gaat verder: 'De mens wordt geheel zichzelf als lichaam en ziel een innerlijke eenheid vormen. De uitdaging door eros is overwonnen als deze eenheid tot stand gebracht is. Als de mens alleen geest wil zijn en het lichaam om zo te zeggen zou willen afdoen als slechts behorend tot het dierlijk erfgoed, verliezen zowel geest als lichaam hun waardigheid. En als hij de geest loochent en de materie, het lichaam, als enige werkelijkheid beschouwt, verliest hij eveneens zijn grootheid. ... Eros wil ons tot het goddelijke trekken, ons buiten onszelf brengen, maar juist daarom vraagt eros om een weg van opstijgen, onthouding, zuivering en genezing' (Deus Caritas est nr. 5) (2). Eros wordt hier als een goed beschouwd, als een afstraling van de goddelijke agape, die juist door de beheersing en de zuivering terug tot de agape kan opstijgen. En hiermee zitten we het in het hart van de zuiverheid die aan ieder mens als opgave wordt meegegeven, ten einde zijn eros een menselijk gelaat te geven, gericht op de eigen ontplooiing en de ontplooiing van de andere, die binnen het huwelijk een heel bijzondere andere, de enige, kan worden.

Bonnewijn raadt aan om twee teksten van Paulus te nemen als richtlijn voor de beleving van de deugd van zuiverheid (3).

'Maak de aardse praktijken dood: ontucht, onzedelijkheid, hartstocht, kwade begeerte en de hebzucht, die gelijk staat met afgoderij' (Kol. 3, 5) en 'De uitingen van een zondig leven zijn bekend, zoals ontucht, onreinheid, losbandigheid, afgodendienst, toverij, vijandschap, twist, afgunst, woede, intriges, ruzies, partijdigheid, jaloersheden, drinkgelagen, orgieën en dergelijke dingen meer. Ik waarschuw u zoals ik u al eerder gewaarschuwd heb: wie zich zo misdragen, zullen het koninkrijk van God niet erven. Maar de vrucht van de Geest is liefde, vreugde, vrede, geduld, vriendelijkheid, goedheid, vertrouwen, zachtmoedigheid, zelfbeheersing. Zij die Christus Jezus toebehoren, hebben de zondige natuur gekruisigd, met haar hartstochten en begeerten. Als wij leven door de Geest, laten we ons dan ook gedragen volgens de Geest' (Gal. 5, 19- 25).

De versterving die de deugd van zuiverheid veronderstelt, is dus duidelijk gericht op het verwerven en het herwinnen van de menselijke waardigheid als kind van God en tempel van de H. Geest. Paulus vraagt om de zondige natuur te kruisigen en geeft een niet mis te verstane opsomming waartoe de mens in staat is wanneer hij aan zijn passies de vrije loop geeft. Deze ondeugden, waarbij er heel wat te maken hebben met de seksuele passie, kunnen alleen maar beheerst worden door ze bewust te kruisigen: ons besluit om ons te beheersen en dit plaatsen op het kruis, open voor Gods genade. Versterving zal steeds uit deze combinatie moeten bestaan: open voor Gods genade en biddend om zijn kracht en het vaste besluit zich in te spannen om de passie onder het predikaat van de rede en de moraal te plaatsen. En de versterving kan, zoals reeds aangegeven, nooit doel op zich zijn, maar gericht naar een doel, hetgeen door Paulus met de woorden 'Koninkrijk van God, toebehoren aan Christus, leven door de Geest' wordt ingevuld. De versterving zal ook steeds een gevoel van gemis teweegbrengen, een onvoldaanheid, een zekere frustratie. Maar het is dit gemis, deze onvoldaanheid, deze frustratie die als offer wordt gebracht, op het kruis, om een hoger goed te verwerven. De versterving wordt een onmogelijke zaak indien geen hoger goed aanwezig of vooropgesteld wordt. Minder eten en vasten omwille van een betere gezondheid of het verliezen van overtollige kilo's, eindeloos trainen en het opofferen van zijn tijd om in de sport tot goede resultaten te komen, afzien van seksuele activiteiten om zich op een bepaalde activiteit te kunnen concentreren of uit eerbied voor de echtgeno(o)t(e) die een seksuele activiteit op dit ogenblik niet aankan: het zijn allemaal voorbeelden van hogere doelen die de versterving voorafgaan en deze ook zinvol en mogelijk maken. 'Alle hardlopers in het stadion rennen om het hardst, maar slechts één wint er. Ren dan om te winnen. Atleten ontzeggen zich alles. Zij doen dat om een vergankelijke krans te winnen, wij doen het voor een onvergankelijke' (1 Kor. 9, 24-25). Iedere versterving van de seksuele passie zal maar mogelijk zijn indien een duidelijk hoger doel wordt vooropgesteld. 'Dat is de geestelijke eredienst die u past. Stem uw gedrag niet af op deze wereld. Word andere mensen, met een nieuwe gezindheid. Dan bent u in staat om uit te maken wat God van u wil, en wat goed is, welgevallig en volmaakt ' (Rom. 12,1-2).

Uiteindelijk gaat het bij de christen om te streven naar de volmaaktheid, om zijn gedrag af te stemmen op wat goed is, welgevallig en volmaakt.

Het onmiddellijke doel van de deugd van zuiverheid is het verwerven en het verhogen van de menselijke vrijheid (4). Wanneer de passie de mens overheerst, wordt de vrijheid onderdrukt en wordt de mens de slaaf van de passie. Eenmaal de vrijheid herwonnen, kan men dezelfde passie integreren in de persoonlijke groei en de uitbouw van de interpersoonlijke relaties. De zuiverheid maakt het mogelijk om te groeien in authentieke relatie met zichzelf, met de andere, met God en met de ganse omgeving. We worden in de mogelijkheid gesteld te leven in de waarheid met onszelf en de andere. Ons leven wordt niet meer overheerst door de zondige begeerte. We worden beter mens in al onze dimensies, in harmonie met onszelf en de anderen en uiteindelijk met God.

Maar net zoals alle andere deugden dient ook de deugd van zuiverheid altijd in relatie te blijven staan met het alles overheersende liefdesgebod. De zuiverheid zal dan ook slechts een uitdrukking, weliswaar een zeer uitdrukkelijke, van de liefde zijn.

De versterving op het vlak van de zuiverheid heeft niet tot doel onze affectieve behoeften te onderdrukken. Het blijft een opgave om de affectiviteit gezond te ontwikkelen en kansen te geven om zich te uiten. Maar deze affectieve uitingen zullen wel in lijn moeten zijn met de levensstaat waarvoor men gekozen heeft en de toets van de zuiverheid moeten doorstaan. Ook dit vraagt opnieuw eerlijkheid en het overwinnen van een vrees die bij sommigen nog een hardnekkig leven leidt. Het geven van een hand, een schouderklop, een kus, een knuffel zijn niet in tegenspraak met de zuiverheid, ook niet binnen het godgewijd celibaat, wanneer ze de uitdrukking zijn van een gezonde affectiviteit, die vraagt om groei, ordening en integratie in de levensstaat. Dezelfde handelingen kunnen ook onzuivere handelingen zijn wanneer ze uitsluitend het persoonlijke sensuele genot op het oog hebben en geen teken zijn van warme sympathie en genegenheid voor de persoon van de andere. Dan wordt de andere misbruikt voor het persoonlijke genot, hetgeen afbreuk doet aan het ganse proces van de uitzuivering van onze seksuele capaciteiten. Het is de opdracht de eros tot agape te laten uitgroeien, en dit vraagt uitzuivering: 'Liefde wordt nu zorg om en voor de ander. Ze zoekt zichzelf niet meer – het verzinken in de bedwelming van het geluk – ze wil het goede voor de geliefde, ze wordt onthouding, ze wordt offerbereid, ja ze wil zelfs offers brengen' (Deus Caritas est nr. 6).

De deugd van zuiverheid vraagt een constante opvoeding, oefening, want ze kan nooit als verworven worden beschouwd (5). We zullen met onze passies rekening moeten houden tot op de laatste dag van ons leven, ze gaan als het ware met ons mee in het graf. En ze moet beoefend worden in het gezelschap van de andere deugden, de andere vruchten van de Heilige Geest: liefde, vreugde, vrede, geduld, vriendelijkheid, goedheid, vertrouwen, zachtmoedigheid, zelfbeheersing (Gal. 5, 23), en in een geest van nederigheid en voorzichtigheid groeien, ondersteund door mensen die we vrienden mogen noemen en die ons het geneesmiddel van de vriendschap ten geschenke geven. Het is deze menselijke inzet die de goede teelaarde zal worden van de genade die ons door God geschonken wordt als een kracht die onze zwakheid te hulp komt. 'Want als ik zwak ben, dan ben ik sterk' (2 Kor. 12, 10).

De zuiverheid geeft tenslotte vele vruchten: een gevoel van eenheid in het leven, bevrijding van valse absoluutheden, openheid voor de waarheid, beschikbaarheid voor de dienst aan anderen en echte toewijding, kracht om te leven, om te getuigen en om de grote waarden van het bestaan blij te verkondigen (6).

6.2. Het wezen van de gelofte van zuiverheid

Door de gelofte van zuiverheid wil de religieus de deugd van de zuiverheid beoefenen als weg ter realisatie van het godgewijde celibaat. Zoals reeds aangegeven klinkt in deze gelofte iets absoluuts, wat minder het geval is voor de geloften van gehoorzaamheid en armoede. Als religieus, omwille van het godgewijde celibaat, wordt men opgeroepen de deugd van zuiverheid te beleven met inbegrip van permanente onthouding op seksueel gebied. We zouden kunnen zeggen dat dit absoluut gebod door de gelofte aan de deugd wordt toegevoegd, hetgeen aan de gelofte haar absoluut karakter geeft.

De permanente onthouding houdt in dat men afziet van iedere vorm van interpersoonlijke verliefdheden, van iedere vorm van seksuele relaties en van iedere vorm van seksuele activiteiten. Het is belangrijk vanaf de aanvang duidelijk te zijn dat deze drie elementen absoluut zijn binnen de gelofte van zuiverheid in het religieuze leven.

Vooreerst neemt men afstand van iedere vorm van interpersoonlijke verliefdheden. Daarmee wordt niet gezegd dat men geen vriendschapsrelaties mag ontwikkelen en onderhouden, wel integendeel. Wanneer men spreekt over de liefde, dan kan men deze klassiek in vier klassen indelen: de agape, de eros, de philia en de caritas. Agape of de liefde van en tot God, en caritas of de naastenliefde zijn vormen die niet rechtstreeks te maken hebben met de zuiverheid, al hebben we gezien in de encycliek 'Deus Caritas est' dat het juist de taak is van de mens om de erotische liefde uit te zuiveren tot ze het niveau van de agape bereikt. Wanneer we het hebben over de interpersoonlijke verliefdheden en vriendschapsrelaties, dan dienen we stil te staan bij de eros en de philia. Eros is de passionele liefde en philia de vriendschapsliefde. Natuurlijk kunnen we deze wel onderscheiden maar zijn ze nooit helemaal te scheiden. Iedere liefde, ook de zogenaamde zuivere vriendschapsliefde, zal steeds passioneel gekleurd zijn, want de seksualiteit en de passie zijn gegevenheden die met het wezen van de mens, van iedere mens te maken hebben. In heel het tussengebied van de eros en de philia kunnen we de empathische liefde plaatsen, de echte vriendschapsliefde en de verliefdheid. Het is duidelijk dat we binnen het godgewijde celibaat ruimte moeten behouden voor de empathische liefde en de vriendschapsliefde, maar dat we erover moeten waken dat deze vormen van liefde niet overslaan in een verliefdheid. Van de verliefdheid is het geweten dat ze een sterke drang in zich houdt om samen te zijn, men denkt voortdurend aan de persoon die men liefheeft en al de rest wordt daaraan ondergeschikt. Tijd en energie worden gemobiliseerd om bij de andere te zijn en de aandacht voor de andere gaat steeds meer in de plaats komen van God en de inzet voor het Koninkrijk. Verliefdheid houdt steeds iets exclusief en possessief in en zal op een bepaald ogenblik ook het verlangen doen groeien om dit seksueel-genitaal te uiten.

Religieuzen die een empathische liefde en een vriendschapsliefde zien evolueren in een verliefdheid moeten daaromtrent eerlijk zijn en bewust stappen zetten om in lijn te blijven met hun godgewijd celibaat. Een ervaring van verliefdheid wil ook niet zeggen dat het religieuze leven onmiddellijk moet worden verlaten, omdat men zich ontrouw voelt aan het godgewijde celibaat, maar vraagt wel dat men zich heroriënteert, eerlijk is met zijn gevoelens en ook naar de andere duidelijkheid creëert over de situatie. Soms zal het nodig zijn om duidelijk het contact te breken, terwijl het bij een andere gelegenheid voldoende en ook mogelijk is om de groeiende verliefdheid stop te zetten en te transformeren, terug te brengen tot een vriendschapsliefde (7).

We doen te kort wanneer we bij de gelofte van zuiverheid alleen zouden spreken over de gevaren van de verliefdheid, zonder in te gaan op de waarde en de noodzaak van vriendschap in het religieuze leven. Aan de vriendschapsliefde zullen we een apart hoofdstuk wijden teneinde het belang ervan binnen het godgewijde celibaat te onderstrepen.

Wel moet nog een woord gezegd worden over de eenzaamheid. Sommigen ervaren de eenzaamheid als een onoverkomelijke last waarbij men steeds op zoek is om deze leegte te vullen met activiteiten, relaties, bezigheden. Eenzaamheid hoort bij het leven en is iets anders dan de vereenzaming, het isolement van mensen die afgesloten zijn van de gemeenschap omwille van ouderdom, ziekte, specifieke levensomstandigheden. Iedere vorm van gemeenschap, ook de meest intense vorm zoals die in het huwelijk wordt beleefd, zal nooit de eenzaamheid volledig opheffen. We zouden kunnen zeggen dat de leegte die aanwezig blijft ook het verlangen aanwezig houdt naar de andere. Indien in het huwelijk de aanwezigheid van de andere de eenzaamheid en de leegte volledig zou wegnemen, zou daarmee ook het verlangen naar de andere verdwijnen en de dynamiek die daarmee aanwezig blijft om steeds opnieuw naar mekaar te kunnen verlangen.

Zij die kiezen voor het godgewijde celibaat leven in een fysische en psychologische eenzaamheid die altijd een leegte zal veroorzaken in het leven. Maar deze leegte kan ook een heilvolle leegte zijn, want het is deze leegte die de weg kan openen naar God en de anderen in de ruime betekenis van het woord. Daar de religieus zich niet zal binden aan één persoon die een belangrijk deel van deze leegte zal vullen en hopelijk ook vervullen, blijft deze leegte beschikbaar voor God en zijn Koninkrijk. Het komt er dan ook op aan goede keuzen te maken in het beleven van de eenzaamheid en het zoeken naar vervulling van de existentiële leegte. God en de inzet voor het Koninkrijk moeten steeds de oriëntatiepunten zijn waarnaar het verlangen uitgaat.

De gelofte van zuiverheid vraagt ook dat men afstand doet van iedere vorm van seksuele relatie. Dit hoort bij het vorige, omdat bij de verliefdheid juist het seksuele aspect en de nood om de verliefdheid ook op seksueel niveau tot uiting te brengen op een bepaald moment ook een rol gaat spelen. Ook dit dient van bij het begin heel duidelijk gesteld te worden, daar kandidaten voor het religieuze leven niet meer evident zonder ervaringen op het vlak van seksuele relaties binnentreden. Maar ook de trend die vooral in de jaren '70 van vorige eeuw naar boven kwam om ook binnen het godgewijde celibaat ruimte te hebben voor seksuele relaties met uitsluiting van het huwelijk kunnen we onmogelijk onderschrijven. Ik herinner me nog het Nederlands tijdschrift voor religieuzen waar interviews werden opgenomen van religieuzen, mannen en vrouwen, die getuigden van de waarde een homo- of heterofiele relatie te hebben, zolang deze maar open bleef voor de gemeenschap en een huwelijksband uitsloot. Ik denk dat deze religieuzen allen zijn uitgetreden, want een seksuele relatie is gewoonweg niet te verzoenen met het godgewijde celibaat. Ook bij priesters hoort men soms de opmerking dat de celibaatsverplichting wel een afwijzen van het huwelijk betreft, maar geen radicale afwijzing van seksuele relaties. Indien het verplichte celibaat van priesters inderdaad niet verdiept wordt tot een godgewijd celibaat, is deze reactie niet denkbeeldig als een vorm van het zoeken van compensaties en het overwinnen van een eenzaamheid die tot een vereenzaming en isolement is verworden.

Ten slotte vraagt de gelofte van zuiverheid dat men eveneens afstand doet van iedere seksuele activiteit. Hier roept de gelofte op zich te versterven in gedachten die tot seksuele handelingen kunnen leiden en gelegenheden te vermijden die de zuiverheid op de proef kunnen stellen. Hier komt ook de absoluutheid van de gelofte tot uiting. Dit is menselijkerwijze een onmogelijke aangelegenheid, indien men geen duidelijk hoger doel voor ogen heeft en men zijn leven niet plant in gebed en de genade van God. Voor sommigen blijft het een levenslange strijd om de zuiverheid te bewaren en te herwinnen, hetgeen bij sommigen echt tot inwendige spanningen kan leiden. Het is belangrijk dat religieuzen de mogelijkheid hebben om deze inwendige strijd, hoe persoonlijk deze ook is, met een vertrouwenspersoon, een geestelijke leider te kunnen bespreken en via het sacrament van de biecht de sacramentele genade van de vergeving, waarmee Gods persoonlijke liefde tot uitdrukking komt, mogen ontvangen. Ook mag duidelijk zijn dat de bekoring tegen de zuiverheid nog geen zonde is tegen de zuiverheid. De bekoring is een realiteit in eenieders leven en kan soms zeer hevig zijn. De bekoring is tevens een weg en een uitnodiging om ons steeds opnieuw te richten naar God en Hem de nodige hulp te vragen om de bekoringen te overwinnen. 'U hebt nog geen enkele beproeving doorstaan die de menselijke maat overschrijdt. God is getrouw: Hij zal niet toelaten dat u boven uw krachten beproefd wordt. Met de beproeving bepaalt Hij ook de uitkomst, zodat u haar kunt doorstaan' (1 Kor. 10, 13). Met de bekoring wordt de zuiverheid verder uitgezuiverd. Geestelijke schrijvers stellen dat zolang de bekoring duurt de vijand nog geen genoegen heeft gekregen of nog niet tot de zekerheid is gekomen dat zijn strijd hopeloos is. De bekoring helpt ons ook om nederig te blijven, te blijven beseffen dat de strijd nog niet ten einde is en dat we zwakke mensen zijn die juist sterk worden wanneer we in de zwakte gaan staan en een beroep doen op Gods sterkte. Het zou erger zijn indien er helemaal geen strijd meer te leveren is. Het kan een teken zijn dat we totaal zijn opgenomen in Gods gratuite gave, en daar moeten we dan dankbaar voor zijn. Maar het kan ook een teken zijn dat we de gezonde onrust hebben verloren en dat we gewoon zijn geworden aan het kwade en compromissen hebben gesloten. Cantalamessa haalt in zijn boekje over de maagdelijkheid een mooi verhaal aan over de H. Catharina van Siena. Ik wil het hier graag aanhalen. 'Wanneer Catharina het bezoek ontving van haar goddelijke bruidegom, stelde ze Hem de vraag waarom ze zoveel bekoringen moest doorstaan. 'Heer, waar waart U toen mijn hart overweldigd werd met zoveel bekoringen tegen de zuiverheid?' Jezus antwoordde haar: 'Ik was in uw hart'. Maar zij reageerde: 'Heer, Gij zijt de waarheid, maar hoe kan ik geloven dat U in mijn hart waart terwijl dit zo vol was van afschuwelijke gedachten?' En de Heer opnieuw: 'Veroorzaakten deze gedachten u vreugde of verdriet?' 'Natuurlijk een groot verdriet en nog grotere pijn!' 'Wel, wie deed u deze pijn ervaren? Ik natuurlijk, die aanwezig was in de kern van uw hart'.' (8). Het is een mooi verhaal over de realiteit en het belang van de bekoringen en de wijze waarop we ze ervaren.

Tegelijk dient vermeld dat veel van wat religieuzen vroeger zogezegd beschermde tegen negatieve invloeden volledig is weggevallen. Het klooster biedt niet meer de bescherming of eerder afscherming van toen, en op het gebied van zuiverheid, net zoals op het gebied van de andere geloften, valt de religieus steeds meer op zijn eigen verantwoordelijkheid.

De seksuele onthouding is, zoals reeds meermalen gezegd, nooit doel op zich, maar moet de nodige ruimte creëren om echt open te komen voor de liefde van God en zijn Koninkrijk, om zich echt te kunnen geven aan God en aan God alleen, zoals het zo sterk door Chittister werd uitgedrukt: 'De religieus moet iemand zijn die eerst en vooral, altijd en eeuwig, in welke omstandigheden ook, God zoekt en God alleen, die in heel deze verwarring en onzekerheid God ziet en God alleen, die in welke situatie ook getuigt van God, en van God alleen' (9). Het volledig toebehoren aan God en aan God alleen vraagt juist dat men zijn hele persoon kanaliseert naar deze unieke godsrelatie. En de hele persoon betreft zowel het lichaam als de psyche als de sociale dimensie die samen de existentie van de persoon uitmaken. Paulus zegt hierbij: 'Alles is mij geoorloofd. Ja, maar niet alles is goed voor mij. 'Alles mag ik'. Ja, maar ik moet mij door niets laten knechten. Het voedsel is er voor de buik en de buik voor het voedsel, en God zal aan allebei een eind maken. Het lichaam is er echter niet voor de ontucht, maar voor de Heer, en de Heer voor het lichaam.... Maar wie zich met de Heer verenigt, is met Hem één geest. U weet het: uw lichaam is een tempel van de heilige Geest die in u woont, die u van God hebt ontvangen. U bent niet van uzelf. U bent gekocht en de prijs is betaald. Eer God dus met uw lichaam' (1 Kor.6, 12-13, 17-20). Het zijn woorden die voor de gelofte van zuiverheid dierbaar zijn en die in het licht van het godgewijde celibaat echt oriënterend kunnen zijn.

De gelofte van zuiverheid moet ons helpen om ons te heiligen naar lichaam en geest. St. Paulus zegt ons dat zij die niet gehuwd zijn 'zich moeten heiligen naar lichaam en geest' (1 Kor. 7, 34). Meer dan de andere geloften grijpt de gelofte van zuiverheid in op alle dimensies van ons mens-zijn, en ze gaat de confrontatie aan met een passie die heel sterk is, maar die eenmaal goed georiënteerd ook heel positief wordt voor de ontwikkeling van ons menszijn. 'De eros wil ons tot het goddelijke trekken, ons buiten onszelf brengen, maar juist daarom vraagt eros om een weg van opstijgen, onthouding, zuivering en genezing', om nog eens Paus Benedictus aan te halen in zijn encycliek 'Deus Caritas est'. Wat hierbij over eros algemeen werd gezegd, geldt eveneens voor de eros zoals die binnen het godgewijde celibaat via de gelofte van zuiverheid moet worden geleid: het is de weg van het sterven om het echte leven te vinden, te ontvangen. 'Wie zijn leven tracht te redden, zal het verliezen en wie het verliest, zal het behouden' (Lc. 17, 33). 'Ja, liefde is 'extase', maar geen extase in de zin van het bedwelmende ogenblik, doch extase als een voortdurende weg uit het in zichzelf opgesloten 'ik' naar het loslaten van het 'ik', naar overgave en juist zo naar het vinden van zichzelf, ja, naar het vinden van God' (Deus Caritas est, nr. 6).

6.3. Besluit

De reflectie over de deugd en de gelofte van zuiverheid is niet ten einde, maar moet worden verdergezet in een nadenken over het belang en de plaats van de vriendschap, zonder blind te zijn voor een aantal heel concrete probleemgebieden die aanwezig zijn op het vlak van de kuisheid. Het vraagt tevens een sereen leren omgaan met de seksualiteit, het positief aanvaarden van onze seksuele geaardheid als man en vrouw, van onze seksuele geladenheid die in al ons denken en handelen een rol speelt en die als een positieve kracht mag en moet beschouwd worden en van de keuze om deze seksualiteit als grote waarde binnen ons godgewijd celibaat in de handen van de Heer te leggen, te offeren aan God die de uiteindelijke vervulling mag worden van ons leven, nu reeds als verlangen, ooit als verworvenheid. Ten slotte blijven we beseffen dat de deugd van zuiverheid en de gelofte in haar absoluutheid steeds gericht is op een nog grotere liefde in ons leven, een liefde die we mogen delen met velen.

Noten:

1. Bonnewijn, Olivier, Ethique sexuelle et familiale. Paris, Ed. de l'Emmanuel, 2006, p.85.
2. Paus Benedictus XVI, Deus Caritas est. Kerkelijke documenten, Utrecht, RKK, 2006, pp. 34.
3. Bonnewijn, o.c. p. 86.
4. Boisvert, Laurent, Le célibat religieux. Paris, Ed. du Cerf, 1990, p. 20.
5. Bonnewijn, o.c. p. 97.
6. Martini, Cardinal Carlo-Maria, Simple propos sur le corps. Versailles, St-Paul, 2001, p.52.
7. Boisvert, o.c. p. 47 – 49.
8. Cantalamessa, Raniero, La Virginité. Paris, Ed. du Lion de Juda, 1990, p.90.
9. Chittister, Joan, Het vuur onder de as. Berne, 1998, p. 57.

7. De moeizame weg van de zuiverheid

Als men religieuzen op de man af vraagt wat de moeilijkste gelofte is, dan hoort men heel dikwijls dat het die van de zuiverheid is. Met de gelofte van armoede en gehoorzaamheid kan men al eens moeite hebben op bepaalde cruciale momenten van het leven, men wordt uitgenodigd te komen tot een arme en gehoorzame grondhouding die veel meer inhoudt dan sober te leven en te gehoorzamen wanneer men door de oversten aangesproken wordt, en dus blijven ook deze geloften een levensopgave die nooit ten einde is. De gelofte van zuiverheid houdt echter een radicaliteit in, die deze van de armoede en de gehoorzaamheid overtreft, en die ons op het vlak van onze seksualiteitsbeleving voor een compromisloze opdracht stelt. De gelofte van zuiverheid, beleefd binnen het godgewijd celibaat, roept ons op om ons volledig open te stellen voor God en voor God alleen, en alle andere relaties, ook die met onszelf, aan deze prioritaire relatie ondergeschikt te maken. De consequentie van deze gelofte is een volledige continentie op seksueel gebied, zowel op het vlak van daden als op het vlak van het begeren. 'Maar Ik zeg jullie: ieder die begerig naar een vrouw kijkt, heeft in zijn hart al echtbreuk met haar gepleegd' (Mt. 5, 28).

De gelofte van zuiverheid houdt niet in dat we afstand moeten doen van ons geseksueerd zijn, dat kunnen wij niet, want de seksualiteit is met ons ganse zijn verweven. We handelen, we denken, we zijn seksueel in ons man- of vrouw-zijn, dat is een gegevenheid die we moeten aanvaarden en zelfs waarderen en beminnen, want zo zijn we geschapen. De gelofte van zuiverheid houdt wel in dat we onze seksuele aandrift beheersen, deze richten tot het hoger doel waarvoor we ons leven willen inzetten en zelfs willen geven. Het is met ons seksuele dat we naar God gaan en het is onze seksualiteit die we aan God zullen aanbieden als offer en als instrument, kracht om ons leven in welbehagen voor Hem uit te bouwen.

Binnen de beleving van onze gelofte van zuiverheid worden we geconfronteerd met bekoringen, bekoringen om aan bepaalde seksuele impulsen ook effectief een positief antwoord te geven. In het verleden is veel te doen geweest over de zonden tegen het vlees, en soms kon men de indruk krijgen dat deze wel de zwaarste zonden waren, zwaarder dan de zonden tegen de liefde en de zonde van hoogmoed. Vandaag heeft men de neiging deze zonden te minimaliseren, hetgeen zeker wordt beïnvloed door de ganse vrijheid die op het vlak van de seksualiteit in ingetreden. Maar tegelijk moet men bekennen dat men als godgewijde vandaag zwaarder op de proef wordt gesteld op het vlak van de gelofte van zuiverheid omdat heel wat bescherming is weggevallen die voorheen door de kloostermuren werd verschaft. Vandaag wordt de religieus net zoals ieder ander geconfronteerd met een geërotiseerde maatschappij en met de media die overstromen van erotische prikkels, om nog niet te spreken van de vrije toegang die ook hij heeft tot het internet waar pornografische sites bij de vleet aanwezig zijn en het gevaar van verslaving om de hoek loert.

We willen even ingaan op deze bekoringen en de attitude die we moeten aannemen tegen deze realiteit in ons leven, en ook een aantal seksuele uitingen bespreken waartoe ook een religieus kan bekoord worden.

7.1. En leid ons niet in bekoring

Iedere keer dat we het Onze Vader bidden vragen we uitdrukkelijk om de genade niet in bekoring te worden gebracht en verlost te worden van het kwade. Zoals reeds aangegeven zijn er veel bekoringen die op ons af komen, en zou het verkeerd zijn deze te reduceren tot die op het gebied van de seksualiteit. Nochtans zijn deze laatste een realiteit in eenieders leven en confronteren ons misschien wel meer intens, omdat ze juist ons diepste wezen beroeren en betrekken. 'Vlucht weg van ontucht. Elke andere zonde die een mens bedrijft, gaat buiten het lichaam om; maar de ontuchtige zondigt tegen zijn eigen lichaam. U weet het: uw lichaam is een tempel van de heilige Geest die in u woont, die u van God hebt ontvangen. U bent niet van uzelf. U bent gekocht en de prijs is betaald. Eer God dus met uw lichaam' (1 Kor.6, 18-20). Met dit gekende vers van Paulus wordt haarscherp deze innige band tussen de bekoringen op het gebied van de seksualiteit en ons eigen wezen, ons eigen lichaam omschreven. We worden dus ten diepste getroffen, geraakt, wanneer we bekoord worden op het vlak van de seksualiteit.

De bekoring is geen zonde. Meer zelfs, iedere bekoring is een uitnodiging om stelling te nemen, om ons te oriënteren, om Gods kracht te vragen opdat het goede in ons zou zegevieren, hetgeen goed is voor onszelf, de andere, God. En ook hier is Paulus concreet en zeer aanmoedigend: 'U hebt nog geen enkele beproeving doorstaan die de menselijke maat overschrijdt. God is getrouw: Hij zal niet toelaten dat u boven uw krachten beproefd wordt. Met de beproeving bepaalt Hij ook de uitkomst, zodat u haar kunt doorstaan' (1 Kor. 10, 13). Bekoringen kunnen we niet zomaar onderdrukken of negeren, maar we moeten de moed hebben ze onder ogen te zien, te ondervragen, ons vooral af te vragen waarom deze bekoring nu juist haar intrede doet, welke de aanleiding was. Bekoringen dienen we zowel vanuit de rede als vanuit het geloof te benaderen, want het zijn passies die aan de basis liggen van de bekoringen. Wanneer we deze passies de vrije loop laten, kunnen ze ons inpalmen, overheersen, meenemen. Wanneer we ze echter onder de rede brengen, dan stellen we ons de vraag of het inwilligen van deze passie ons het goede brengt, ons naar ons ware zelf brengt en onze relatie met God en met de andere bevordert, of het in de lijn ligt met onze levensroeping. Dit redeneren dienen we te koppelen aan ons gebed, waarbij we de bekoring, de passie, opdragen aan God en Hem vragen ons in de juiste gezindheid te brengen, de kracht van de passie in ons om te vormen tot een levengevende kracht.

Bekoringen kunnen we ook voorkomen door de gelegenheden tot bekoring te vluchten, zoals het vroeger zo mooi werd gezegd. Hier speelt de ervaring een grote rol en zal eenieder een eigen levensregel moeten opstellen.

Wanneer we weten dat bepaalde televisieprogramma's ons in de war brengen en ons seksueel gepassioneerd maken, dan zal de wijsheid vragen niet naar deze programma's te kijken.

Wanneer we weten dat eenmaal alleen met de computer de neiging sterk aanwezig is om een pornografische site op te zoeken, dan zullen we daaromtrent onszelf bepaalde strikte regels opleggen en eventueel vermijden om alleen in de computerruimte te vertoeven of vermijden om 's avonds nog de computer te openen.

Wanneer we weten dat de lectuur van bepaalde teksten ons in de war kan brengen, dan dienen we deze boeken gesloten te houden.

Wanneer we ervaren dat de nabijheid van bepaalde personen in bepaalde omgevingen ons erotisch aangrijpen, dan zullen we deze personen en deze omgevingen vermijden.

En zo kan ieder van ons het lijstje nog aanvullen, vanuit zijn eigen ervaring. Het zijn de rationele houdingen die in onze hand liggen en die de weg tot een deugdzaam leven openen.

Maar de menselijke inspanning, zoals reeds aangegeven, dient steeds gepaard te gaan met een geloofshouding: het besef dat we het alleen niet kunnen waarmaken, dat de strijd tegen de bekoring niet in onze handen alleen ligt, maar dat we Gods genade en kracht nodig hebben. Teresia van Lisieux stelde dat God nooit toelaat dat we boven onze krachten beproefd worden(1). Met de beproeving schenkt Hij ons ook de kracht om deze beproeving, deze bekoring te boven te komen. En dit geldt zeker op het vlak van de bekoringen tegen de zuiverheid. De bekoring zelf is een moment van genade, want we worden uitgenodigd om ons naar God te richten, onze eigen zwakheid te beseffen en met Paulus uit te roepen: 'Als ik zwak ben, ben ik sterk' (2 Kor. 12, 10).

Maar de bekoring kan ook gevolgd worden door de zonde. Objectief stelt de Catechismus van de Katholieke Kerk: 'De onkuisheid is een ongeregelde begeerte of een ongeordend plezier in het geslachtelijk genot. Geslachtelijk genot is moreel ongeordend, wanneer men het los van de doeleinden van voortplanting en vereniging, omwille van zichzelf zoekt' (2).

Voor een godgewijde geldt de volledige continentie op seksueel gebied, zodat iedere begeerte of daad op seksueel vlak als ongeregeld en ongeordend dient beschouwd te worden.

Ik denk dat we daar naar onszelf toe qua visie steeds zeer radicaal moeten rond zijn en niet starten met a priori allerlei verontschuldigingen te formuleren. Een radicaal uitgangspunt is essentieel om ons geweten goed te kunnen vormen en dan ook een juist gewetensoordeel te kunnen uitspreken. Te veel wordt rond de act zelf reeds verontschuldigend en minimaliserend gesproken en geoordeeld, een act die natuurlijk nooit los van de intentie en de vrije wilsact kan worden gezien. Maar dat is de tweede stap die de morele verantwoordelijkheid en dan ook de zwaarte van de zonde zal bepalen. Weer is het de Catechismus die ons een zeer goede richtlijn geeft over deze morele verantwoordelijkheid, hier geformuleerd in het kader van de zonde van masturbatie: 'Om te komen tot een rechtvaardig oordeel over de morele verantwoordelijkheid van de betrokkenen en om de pastorale zorg te oriënteren, zal men rekening houden met de affectieve onvolwassenheid, de macht van gewoontes, de toestand van angst of andere psychische of sociale factoren die de morele schuld verminderen of zelfs praktisch opheffen' (nr. 2352).

Samengevat kunnen we stellen dat de begeerte of daad steeds ongeordend en ongeregeld is, maar dat de morele verantwoordelijkheid en dus de schuld die men heeft afhangt van de intentie die men heeft en de vrijheid in de wilsact.

Naast het zuiver morele aspect, waarbij de zwaarte van de zonde wordt bepaald, staan we voor de opgave met onze zonde en zondige natuur voor God te verschijnen, in nederigheid en vragend om vergiffenis te ontvangen. En dat is wellicht het meest belangrijke voor ons spiritueel leven, want ons leven wordt voortdurend doorkruist door de zonde, door het ondermaatse in de liefde, door de hoogmoed. Iedere zonde is een uitnodiging om te groeien in de nederigheid, om meer te beseffen dat we zwakke mensen zijn en dat alleen Gods genade en vergeving ons kan redden. Maar tegelijk dienen we te beseffen dat God er altijd is met zijn vergeving, dat Hij ons met zijn genade en vergeving altijd een stap vooruit is, en dat in de vergeving juist zijn oneindige liefde en barmhartigheid naar ons toe verschijnt en in ons leven treedt. Net zoals we niet het recht hebben te oordelen over de anderen, laat staan hen te veroordelen, hebben we ook niet het recht onszelf te oordelen, laat staan te veroordelen, maar dienen we het oordeel en de veroordeling in Gods handen te leggen en ons te laten helen door zijn barmhartigheid. Dat wil opnieuw niet zeggen dat we de zonde moeten vergoelijken, minimaliseren, maar wel dat we ons niet mogen laten deprimeren door de zonde, laten veroordelen door de zonde, maar deze aanbieden aan God met de vraag om vergiffenis, zoals de verloren zoon terugkeert naar zijn Vader die reeds op de uitkijk stond: 'Toen hij nog ver van huis was, zag zijn vader hem al en werd ontroerd; snel liep hij op hem toe, viel hem om de hals en kuste hem. 'Vader', zei de zoon tegen hem, 'ik heb gezondigd tegen de hemel en tegen u; ik ben het niet meer waard om uw zoon te heten" (Lc. 15, 20-21). De verhouding die in het verhaal opklinkt tussen de vader en de zoon is zo toepasselijk voor onze situatie. Nog vóór wij de stap zetten om vergeving, staat de Vader reeds klaar met zijn vergeving, noem het liefde. En dat is voor ons allen een bevrijdende boodschap. Het is deze bevrijdende boodschap die we moeten plaatsen bij onze zonden, zonder daarmee de zwaarte van de zonde te minimaliseren, maar om er de angel van de uitzichtloosheid uit weg te nemen. Hoop moet de grondslag blijven van ons leven en zal onze eigen inspanning om de bekoring te weerstaan aanmoedigen en versterken.

Weerstaan aan de bekoring vraagt moeite en kost pijn. Zeker wanneer gewoonten in ons leven zijn geslopen, vraagt het breken met die gewoonte een zware inspanning. Dit geldt zeker op het gebied van de seksuele passies. Het is een inspanning die fysisch en psychisch lijden kan teweegbrengen, emotionele ontreddering. Bonnewijn geeft aan dat iedere authentieke strijd tegen iets waaraan we gehecht zijn een gevoel van tekortkoming doet ontstaan. Onvoldaanheid, dorst naar wat we ons ontzeggen zijn symptomen waaraan we ons moeten verwachten wanneer we de strijd tegen de bekoring aangaan (3). We moeten ons daarop voorbereiden, en vanuit ons geloof deze pijn en dat lijden plaatsen op het kruis van de verlossing. 'En nu, broeders en zusters, vermaan ik u bij Gods ontferming: Wijd uzelf aan Hem toe als een levende, heilige offergave, Hem welgevallig. Dat is de geestelijke eredienst die u past' (Rom. 12, 1).

Seksuele passies zullen een andere inkleuring krijgen wanneer we ons omringd weten door vrienden, ook geestelijke vrienden. Dat wil niet zeggen dat we alle eenzaamheid moeten vluchten, uit vrees de bekoringen te ontmoeten. Maar gezonde relaties helpen om te voorkomen dat we ons afsluiten en vooral opsluiten in een schijnwereld waarin het geluk ons op een goedkope en gemakkelijk grijpbare wijze wordt aangeboden. Vriendschap doet ons opengaan voor het ware geluk dat alleen maar te vinden is in de relatie met de andere en met de Andere, in de mate dat we ons kunnen geven aan de andere en aan de Andere.

Een laatste woord over de gewoontevorming en verslaving die bij seksuele passies kunnen ontstaan. Het steeds opnieuw vervallen in dezelfde bekoringen en zonden kan ons ontmoedigen en zelfs doen wanhopen. Maar het kan ons ook voeren naar een zekere onverschilligheid in de zin van: ik geraak daar toch nooit meer uit. Beide houdingen zijn af te raden en zijn doodlopend. We moeten blijven geloven dat we de stap naar de heling kunnen zetten, maar dat deze stap of stappen steeds samen met de Heer zullen moeten genomen worden. Het is in de vergeving, die we mogen ontvangen in het sacrament van de biecht, dat we tevens de genade ontvangen om sterker dan voorheen de bekoringen tegemoet te gaan. Wat we psychologisch bij de biecht als een bevrijding mogen ervaren, is ook spiritueel een realiteit. Derhalve blijft een regelmatige biecht aangewezen om zowel deze psychologische als spirituele heling te mogen ontvangen.

7.2. Problemen op het gebied van de kuisheid

Zonder te veel in detail te willen gaan, noch volledigheid te willen nastreven, geven we een kort overzicht van een aantal probleemgebieden waarmee religieuzen binnen de beleving van hun godgewijd celibaat en het naleven van de gelofte van zuiverheid kunnen geconfronteerd worden. We hebben het achtereenvolgens over de homoseksualiteit, de masturbatie en de pornografie. De verliefdheid zullen we behandelen bij het hoofdstuk over de vriendschap.

7.2.1. Homoseksualiteit

Recentelijk heeft de Congregatie van de Katholieke Opvoeding een instructie uitgegeven betreffende de criteria voor het aannemen van kandidaten voor het priesterschap die homoseksuele neigingen hebben (4). Deze instructie kwam er na de vaststelling dat in bepaalde Amerikaanse seminaries vrij ruim met dit probleem werd omgegaan, waarbij op sommige plaatsen een ware 'gay'-mentaliteit ontstond.

Het document, weliswaar geschreven voor priesterkandidaten, is een goed uitgangspunt om na te denken over dit probleem in het licht van het godgewijde celibaat en de gelofte van zuiverheid.

Er wordt in het document een duidelijk onderscheid gemaakt tussen hen die bij zichzelf een homoseksuele neiging onderkennen maar daar op een correcte manier proberen mee om te gaan, en hen die homoseksueel actief zijn, een diepgewortelde homoseksuele neiging hebben of een zogenaamde 'gay-cultuur' ontwikkelen. Deze laatsten dienen, aldus het document, geweigerd te worden voor de wijding, omdat ze onvoldoende opgewassen zijn tegen de vereisten van de priesterlijke zuiverheid en de affectieve maturiteit missen die van een priester mag worden verwacht. Van de anderen wordt verwacht dat ze duidelijk aantonen hun homoseksuele neiging te kunnen beheersen zonder daardoor in spanning te geraken. Het document stelt dat ze zeker gedurende drie jaar vóór de wijding dit bewijs moeten kunnen leveren.

Doordenkend naar het religieuze leven denken we dat we dezelfde criteria kunnen hanteren bij het toelaten tot de religieuze professie van kandidaten die een homoseksuele neiging vertonen. Indien het gaat om een geaardheid die men onderkent en die men beheerst, net zoals ook iemand met een heteroseksuele geaardheid deze moet onderkennen en beheersen, hoeft deze geaardheid geen bezwaar te zijn, wel wetende dat een samenleven met mensen van hetzelfde geslacht voor hen toch wel een extra opgave zal blijven.

Belangrijk is dat in de vorming aandacht wordt besteed aan de eigen geaardheid, zij het homoseksueel of heteroseksueel, en dat men leert deze geaardheid te onderkennen en te aanvaarden, maar tegelijk wetende dat binnen het godgewijde celibaat de gelofte van zuiverheid oproept tot volledige continentie en afzien van iedere seksueel gekleurde relatie, zowel binnen als buiten de religieuze gemeenschap.

Anders ligt het bij hen van wie de homoseksuele geaardheid uitgesproken is, die zich uit in het moeilijk kunnen beheersen van hun seksuele passie en de geneigdheid om relaties te ontwikkelen, gekoppeld aan het zich duidelijk willen outen als gay. Aan hen moet het religieuze leven afgeraden worden, zowel in hun eigen voordeel als in het voordeel van de gemeenschap. Net zoals voor hen die echt verlangen naar het huwelijk en hun seksualiteit actief willen beleven in het huwelijk, dienen ook zij in alle duidelijkheid overtuigd te worden dat het godgewijde celibaat en de gelofte van zuiverheid voor hen een onmogelijke zaak is. Daarmee doen we geen uitspraak over de moraliteit van de persoon en treden we niet discriminerend op, wat ons door sommigen soms wordt verweten. Wanneer blijkt dat ze omwille van hun geaardheid niet bij machte zijn zich te beheersen op seksueel vlak, zijn we zelfs verplicht hen naar een andere levensstaat te oriënteren. Niemand kan noch mag boven zijn krachten beproefd worden, en het religieuze leven mag voor hen geen hel worden waarbij ze voortdurend gefrustreerd worden of waarbij ze de gemeenschap in moeilijkheden brengen door het aangaan van ongeregelde relaties of het zoeken van beschamende compensaties.

Voor hen met een beheerste homoseksuele geaardheid blijft het evenwel een opgave, ook in het godgewijde leven, om kuis te leven conform de gelofte van zuiverheid en er tegelijk voor te zorgen dat de geaardheid beheerst blijft. Zoals reeds aangegeven is een eerste stap steeds dat men in eerlijkheid zijn eigen geaardheid onderkent en deze ook als gave van God beschouwt. Men hoeft dit daarom niet naar anderen toe mede te delen, maar het is belangrijk dat dit voor de persoon in kwestie duidelijk is. Natuurlijk zit in iedere mens een vrouwelijke en mannelijke kant, en zijn dan ook zowel homoseksuele als heteroseksuele neigingen aanwezig, zodat de juiste geaardheid niet steeds heel duidelijk naar voor komt, of ook in de tijd kan evolueren en duidelijker worden. Het aanvaarden van een homoseksuele geaardheid wil echter niet zeggen dat men ook homoseksuele daden aanvaardt; deze blijven aan het morele oordeel onderworpen en worden binnen het kerkelijke leergezag als intrinsiek ongeordend beschouwd. Eenmaal men de geaardheid onderkent en aanvaardt, zal men ook weten welke de tere punten zijn die men in het kader van de gelofte van zuiverheid moet blijven onderkennen. Zoals voor iemand met een heteroseksuele geaardheid de omgang met mensen van het andere geslacht altijd met een zekere omzichtigheid, voorzichtigheid en eerlijkheid moet gebeuren, zonder dat dit tot een kramp moet leiden, zullen zij met een homoseksuele geaardheid voorzichtig moeten blijven in de omgang met mensen van hetzelfde geslacht. Voor beiden zal het gaan om de grens tussen vriendschap en verliefdheid goed te blijven onderscheiden. Een goed beleefde gelofte van zuiverheid zal ons uiteindelijk een grote vrijheid geven om met allen op een zeer open en intense manier te kunnen omgaan, zonder dat dit een erotische inkleuring moet krijgen.

7.2.2. Masturbatie

Sommige religieuzen kampen met het probleem van de masturbatie. De Catechismus van de Katholieke Kerk plaatst de masturbatie duidelijk onder de zonden tegen de kuisheid en geeft de volgende omschrijving: 'Onder masturbatie verstaat men de vrijwillige prikkeling van de geslachtsorganen, met de bedoeling daardoor een seksueel genot te ervaren. Zowel het kerkelijk leergezag als de morele zin van de gelovigen hebben in de lijn van een constante traditie zonder aarzelen bevestigd dat masturbatie een intrinsiek en ernstig ongeordende handeling is. Helemaal afgezien van het motief is het opzettelijk gebruik van de geslachtelijke vermogens – buiten de gewone huwelijksrelaties om – in strijd met de finaliteit ervan. Het seksueel genot wordt dan nagestreefd buiten de seksuele relatie, die door de morele orde vereist wordt; dit wil zeggen buiten een relatie die de volle betekenis van de wederzijdse gave en van de menselijke voortplanting realiseert in de context van een ware liefde' (nr. 2352).

Wat geldt voor iedere gelovige, geldt natuurlijk ook voor de religieus, die door de gelofte van zuiverheid opgeroepen wordt volledig seksueel continent te leven en dus af te zien van iedere seksuele daad.

Masturbatie komt vrij algemeen voor in de puberteit en de vroege adolescentie, wanneer het seksuele leven ontspruit en de jongere wordt aangezet zijn seksuele potentie te exploreren. Het is een onvolwassen uiting van de seksualiteit, waarbij de jongere overweldigd kan worden door de zich ontwikkelende seksuele krachten in zijn lichaam. Een goede voorlichting gekaderd in een mensbeeld waarbij de eerbied voor het leven in al zijn aspecten voorop staat kan hierbij een grote hulp zijn. Wellicht werd vroeger te veel en te vlug oppressief gereageerd, waarbij masturbatie werd afgeschrikt als veroorzaker van allerlei ziekten en afwijkingen en in ieder geval moreel geïdentificeerd als doodzonde.

Vandaag is men in het andere uiterste gevallen en wordt masturbatie gebanaliseerd en bijna als normaal omschreven. Het kan dan ook met deze visie zijn dat jongeren vandaag de stap naar het religieuze leven zetten, of dat religieuzen hun gelofte van zuiverheid beleven.

Opnieuw betaamt het vanaf de aanvang duidelijk te zijn en masturbatie als ongeordend binnen het godgewijde celibaat en de gelofte van zuiverheid af te wijzen. De gelofte van zuiverheid blijft ons inderdaad tot de radicaliteit oproepen en stelt de volledige seksuele continentie als ideaal en na te streven doel.

Natuurlijk is daarmee het probleem van de masturbatie niet opgelost, en kunnen religieuzen seksueel bekoord worden wat tot masturbatie aanzet.

Het is goed dat we even ingaan op het fenomeen van de masturbatie zoals dit vandaag psychologisch wordt benaderd. Er zijn verschillende types van masturbatie die wel een verschillende morele beoordeling vereisen.

Er is vooreerst een vorm van masturbatie die zijn oorsprong vindt op fysisch gebied en die zowel in waak- als slaaptoestand kan ontstaan, los van de wil van de persoon. Het is evident dat hierin geen schuld noch zonde aanwezig is, omdat de wil van de persoon is uitgesloten.

Meer tot zelfs veel voortkomend is de masturbatie in het kader van erotisch geladen gedachten die men de vrije loop laat en die uiteindelijk tot een seksuele daad zullen aanzetten. Deze vorm komt voor bij het bekijken van films, pornografie, waarbij de erotische geladenheid wordt opgedreven tot een seksuele daad onontkoombaar wordt. Hier is een variatie van vrije wil en intentie aanwezig die de moraliteit van de daad zal bepalen. Voor sommigen wordt deze vorm van masturbatie een verslaving, een gewoonte, want het genot dat men nastreeft zal steeds bij het bereiken ervan een leegte veroorzaken, die om nieuwe invulling vraagt. Om nog eens Frankl aan te halen: 'Hoe meer het iemand om het genot gaat, des te meer vergaat hem ook het genot'.

Masturbatie kan ook het gevolg zijn van een zware tegenslag, een frustratie, een verlies, en overspanning die men dan via de seksuele passie probeert te compenseren. Men voelt zich niet begrepen in de groep, men sluit zich op in zijn eigen denkwereld en men stelt zich open voor de seksuele passie, in de hoop om daaruit soelaas te vinden of gewoon de situatie te ontvluchten en te vergeten. Hierbij is de masturbatie duidelijk een vluchtreactie, een willen weglopen uit de realiteit, een grijpen van een reddingsboei om zijn psychische overspanning te ventileren. De psychische conditie zal natuurlijk een rol spelen in de morele beoordeling van deze daad (5).

Belangrijk voor hen die geconfronteerd worden met masturbatie-gedrag is het opzoeken van de ware reden en deze reden ook adequaat aan te pakken. Is er een fysieke oorzaak, dan moet dit op dat niveau aangepakt worden. Wordt masturbatie een gewoonte in het kader van een seksuele verslaving, dan moet dringend aan de verslaving iets gedaan worden. Is de masturbatie een vluchtheuvel uit een werkelijkheid die men niet aankan, dan moet gekeken worden wat aan die werkelijkheid kan veranderen om deze opnieuw normaal leefbaar te maken. Zich bezinnen over de oorzaak en deze ook daadwerkelijk aanpakken is veel belangrijker dan zich te pijnigen met zware zelfbeschuldiging, zonder natuurlijk in het ander euvel van de banalisatie te verzeilen. Masturbatie is en blijft ongeordend, waarvan de morele schuld van zowel de intentie als de psychische en sociale omstandigheden afhangt, en is binnen het godgewijd celibaat een zware tekortkoming op het gebied van de gelofte van zuiverheid die, zoals aangegeven, volledige seksuele continentie verlangt (6).

Werken aan de oorzaken, zodat de masturbatie geen behoefte en zeker geen gewoonte meer wordt, is de beste remedie om op dit gebied tot klaarheid te komen en de nodige gemoedsrust te verkrijgen.

7.2.3. Pornografie

Een laatste thema dat we hier willen aansnijden is de pornografie, die de laatste jaren op een meer dan overweldigende wijze maatschappelijk leven heeft veroverd. Wanneer vroeger de pornografie beperkt bleef tot de gedrukte pers en de films op de televisie en in de cinema, en waarbij de maatschappelijke controle van die aard was dat men als het ware beschermd en afgeschermd werd indien men niet bewust en gewild met pornografie geconfronteerd wou worden, is dit met de komst van het internet grondig veranderd. Het internet maakt mogelijk dat men op ieder moment en totaal geïsoleerd onbeperkt pornografisch materiaal kan bekijken. Opnieuw nemen we de Catechismus van de Katholieke Kerk om een juiste definitie van pornografie te ontvangen. ‘Pornografie houdt in dat seksuele handelingen, ofwel werkelijk ofwel voorgewend, aan de intimiteit van de partners onttrokken worden, om deze welbewust aan buitenstaanders te vertonen. Pornografie is een zonde tegen de kuisheid, omdat ze ingaat tegen de aard van de huwelijksdaad als intieme gave van de echtgenoten aan elkaar. De pornografie pleegt ernstig inbreuk op de waardigheid van degenen die er zich toe lenen (acteurs, handelaars, publiek), omdat de een voor de ander het voorwerp wordt van oppervlakkig genot en van ongeoorloofd winstbejag. Zij dompelt de betrokkenen in de illusie van een schijnwereld. Het is een zwaar kwaad. De burgerlijke overheid moet de productie en verspreiding van pornografisch materiaal verhinderen' (nr. 2354).

Pornografie is inderdaad een schending van de menswaardigheid van twee partijen: zij die de akten stellen en zij die ze bekijken. Iedere blik die iemand werpt op een pornografische plaat of film is een inbreuk op de privacy van de ander, is een voyeurisme in de meest intieme handelingen van een ander. Het bekijken moet ons derhalve choqueren en blijven choqueren, omdat we een inbreuk plegen op de eerbied van de menselijke waardigheid. In alle culturen en vanouds wordt het lichaam bedekt, speciaal de geslachtsdelen, omdat het de meest edele delen zijn, delen die het wezen van het man- en vrouw-zijn bepalen. De aangeboren schaamte dient gerespecteerd te worden als een goed, zonder natuurlijk in het andere uiterste te vervallen, waarbij men bij het minste bloot gaat blozen. Dat is terugkeren naar de victoriaanse preutsheid en de tijd dat men schrik had om zijn eigen geslachtsdelen te bekijken.

Het tentoonstellen van zijn naaktheid en het vertonen van intieme handelingen doen eveneens afbreuk aan de menselijke waardigheid, wetende dat men daardoor velen tot ongeoorloofde handelingen en zonde aanzet. 'Wie één van deze kleinen die op Mij vertrouwen ten val brengt, kan beter met een molensteen om zijn nek in volle zee gegooid worden' (Mt. 18, 6), klinkt het heel streng bij Mattheüs.

Pornografie is verwerpelijk, te meer daar het door een ganse business met grof geld wordt uitgebuit. Ieder contact met pornografie zou ons moeten doen beseffen dat er een dubbele uitbuiting mee gemoeid is: de persoon die de handelingen stelt is met geld aangezet ongeoorloofde daden te stellen, en de persoon die de beelden bekijkt moet er rechtstreeks of onrechtstreeks voor betalen. De wereld van de pornografie en van de drugs zitten in dezelfde sfeer: veel geld verdienen door gebruik of misbruik te maken van de zwakheid van mensen.

Recent onderzoek heeft uitgewezen dat het bezoeken van internetsites met pornografisch materiaal de laatste jaren onvoorstelbaar is toegenomen, zowel bij jongeren als bij volwassenen. De relatief gemakkelijke toegang ieder ogenblik van de dag werkt dit natuurlijk in de hand.

De gevolgen zijn dan ook navenant. Vele uren van de dag worden voor het scherm doorgebracht, zichzelf vullend met erotische beelden en een imaginaire wereld creërend. Sommigen gaan verder en gaan erotisch chatten of verlangen steeds zwaardere erotische scènes te zien. Het wordt een straatje zonder einde, erger nog, een doodlopend straatje, waarmee men finaal zijn normale relaties gaat verwaarlozen. Het wordt een ware obsessie die dan aan de basis zal liggen van allerlei ongeordend seksueel gedrag. Het is een nieuwe en zeer gevaarlijke verslaving geworden, waarbij zoals voor de andere verslavingen reeds therapieën werden ontwikkeld in de zin van 'Sex Addicts Anonymous', 'Sexaholic Anonymous' en 'Sexual Compulsives Anonymous' (7).

Voor religieuzen is ieder bezoek aan een pornografische site een zware inbreuk op hun gelofte van zuiverheid. De gelofte van zuiverheid zet juist aan om met zuivere ogen naar de werkelijkheid te kijken, om zuiver met de andere en met zichzelf om te gaan, om zuiver naar God te gaan. Iedere blik op een pornografische site is een verstoring van deze blik en het herhaaldelijk bekijken van de sites doet een ware desoriëntatie ontstaan, een compensatiegedrag dat ons in een schijnwereld voert waar men steeds meer naartoe getrokken wordt. Ik ben ervan overtuigd dat sinds het algemeen beschikbaar zijn van internet reeds heel wat religieuzen hun roeping zwaar op de proef hebben gesteld door het ongecontroleerd internetbezoek. In welke gesteltenis gaat men slapen wanneer men een uur naar pornografische beelden heeft gekeken, en in welke ingesteldheid zal men de volgende morgen de dag aanvangen, gekluisterd aan de beelden die tijdens de nacht hun woekerend werk hebben verdergezet? De pornografie heeft slechts het ene doel om een verlangen naar steeds meer te doen ontstaan, zodat verslaving eigenlijk een aanvang kan nemen van bij het eerste bezoek.

We kunnen dan ook niet anders dan radicaal de pornografie afzweren als zijnde onwaardig voor de mens, en dus zeker onwaardig voor de godgewijde.

Laat ons met de psalmist bidden: 'Schep in mij een zuiver hart mijn God, geef mij weer een vastberaden geest' (psalm 51).

7.3. Besluit

Het radicale en allesvragende van de gelofte van zuiverheid kan ons tegen de haren strijken. Het is de plaats van het godgewijde leven waarbij we wellicht het sterkst voelen dat het geen louter menselijke aangelegenheid kan zijn. Alleen wanneer we kunnen terugvallen op een gedegen spiritueel leven, waarin Gods liefde een steeds grotere plaats gaat krijgen in ons leven, zal ook dit terrein ons tot vreugde worden en zullen de lasten graag gedragen worden en geplaatst op het kruis van Hem die vrijwillig onze lasten droeg.

Noten:

1. Teresia van Lisieux, Mijn roeping is liefde. Brugge, Desclée De Brouwer, 1957, pp. 293.
2. Catechismus van de Katholieke Kerk. Brussel, Licap, 1995, pp. 733.
3. Bonnewijn, Olivier, Ethique sexuelle et familiale. Paris, Ed. de l'Emmanuel, 2007, p. 189.
5. Congregation for Catholic Education, Instruction concerning the criteria for the discernment of vocations with regard to persons with homosexual tendencies in view of their admission to the seminary and to holy orders. Roma, Vatican, 2005, pp. 9. Bonnewijn, o. c. , p. 207-209.
6. Boisvert, Laurent, Le celibate religieux. Paris, Ed. de Cerf, 1990, p. 44.
7. Rossetti, Fr., Pornography, an alarming reality that is not only morally wrong, but dangerous, in The Priest, February 2006, p. 11-14.

8. Ik heb u vrienden genoemd

'Een trouwe vriend is een levenskruid; wie de Heer vrezen, zullen het vinden' (Sir. 6. 16). Vriendschap is een goed, is een noodzakelijk goed voor de gezonde ontwikkeling van de mens. Het is, om het met Jezus Sirach te zeggen, als een levenskruid, dat smaak geeft aan het leven.

Ook binnen het religieuze leven moet er ruimte zijn voor vriendschap, meer zelfs, de vriendschap zal het religieuze leven sterken en kleuren en smaak geven. Nochtans werd vroeger soms afwijzend gereageerd wanneer men sprak over vriendschap, en zeker wanneer het een vriendschap was tussen een man en een vrouw. Dit werd regelrecht aangezien als een gevaar voor het godgewijd celibaat en een ontrouw aan de gelofte van zuiverheid. Of we hoorden in het noviciaat de waarschuwing geen bijzondere vriendschap te ontwikkelen. Als novice begreep ik gewoonweg niet wat dit betekende, en ik begreep al evenmin toen de novicemeester aan twee novicen verbood om nog samen in het bos te gaan wandelen.

Vriendschap in het religieuze leven, het is een thema apart dat zeker past in onze reflectie over het godgewijd celibaat.

8.1. Het belang van de vriendschap

Herwig Arts begint zijn lezenswaardig boekje 'De wegen van het hart; over vriendschap' (1) met een treffende zin van Chouraqui: 'Ik wist dat ik, om volwaardig te leven en echt mezelf te worden, de liefde opnieuw moest uitvinden voor mezelf'. Ieder mens staat voor de opgave aan de liefde ruimte te geven in zijn leven. En wanneer we over liefde spreken, dan hebben we het over de verschillende dimensies van de liefde: de agape of godsliefde, de philia of vriendschapsliefde, de eros of de passionele liefde en de caritas of de naastenliefde. Het zijn vier dimensies van dezelfde liefde en die alle hun oorsprong en bestemming vinden in de agape, zoals zo goed werd uitgewerkt door Paus Benedictus XVI in zijn encycliek 'Deus caritas est': 'Uiteindelijk is 'liefde' één enkele werkelijkheid, maar ze heeft verschillende dimensies. ... Gods eros voor de mens is ook geheel en al agape. ...Liefde tot God en tot de naaste versmelten; in de geringste ontmoeten wij Jezus zelf en in Jezus ontmoeten wij God' (2). In de encycliek heeft de Paus het niet direct over de philia of de vriendschapsliefde, maar we zouden kunnen zeggen dat ze het sterkst aanleunt bij de agape omwille van het gratuite, het spontane dat ze in zich draagt. Want daarin verschilt de vriendschapsliefde van de naastenliefde, dat ze geen gebod nodig heeft om zich te realiseren, maar dat ze een faculteit is van het gevoel: men wordt spontaan aangetrokken door een andere, omdat de andere bevalt, omdat men in die andere iets goeds ontwaart.

Vriendschap vindt haar basis in de sympathie die men voor iemand heeft. Het is een gevoel van welwillendheid die men heeft voor een andere persoon waarbij de andere onze emoties raakt. Het is een manifestatie van een ervaring die ons overkomt en die zich dan ook volledig op het niveau van het subjectieve bevindt.

Ondanks het feit dat de sympathie als eerste stap naar de vriendschap iedere objectiviteit mist, zit de grote kracht van de sympathie juist in de intensiteit waarmee ze de mens overkomt. Het is de sympathie die mensen naar mekaar toe drijft en een gevoel van nabijheid geeft.

Sympathie wordt vriendschap wanneer de wil zijn intrede doet en ook toegelaten wordt. Men wil aan het gevoel van sympathie uiting geven door deze te tonen, uit te spreken zodat de andere op de hoogte komt van dit gevoel van sympathie en dit al dan niet kan beantwoorden. Indien de andere positief reageert op deze uiting van sympathie met een wederkerig gevoel van sympathie en daar ook uitdrukkelijk uiting wil aan geven, wordt de grond klaargemaakt waarop de vriendschap kan gezaaid worden en kan groeien. De sympathie is niet ten einde wanneer vriendschap groeit. Neen, ze blijft een belangrijke gevoelsuiting die de vriendschap zal steunen in haar groei en deze zelfs verdiepen. De sympathie, die een louter subjectieve aangelegenheid is, krijgt in de vriendschap een objectieve grond: ze wordt in de vriendschap als het ware objectief bewezen. Samengevat zouden we kunnen stellen dat sympathie in vriendschap moet worden getransformeerd, die op haar beurt door de sympathie wordt versterkt.

Kameraadschap is van een andere orde. Deze ontstaat onder mensen die hetzelfde werk verrichten, dezelfde hobby's hebben of dezelfde interesses en daardoor veel samen zijn. Ze kunnen met elkaar goed optrekken zonder dat specifiek gevoel van sympathie voor elkaar te voelen. Het gaat eerder om objectieve gemeenschappelijke interesse, waarin en van waaruit natuurlijk sympathie en vriendschap kan groeien. Terwijl bij kameraadschap vele mensen kunnen betrokken zijn, beperkt de vriendschap zich eerder tot een kleinde groep mensen (3).

Vriendschapsliefde is, zoals gezegd, een gevoel van welwillendheid ten opzichte van een andere persoon waarbij men het goede wil bij die andere persoon en dat wil manifesteren via tederheid, die op haar beurt gestalte krijgt in een blik, een aanraking, een woord. De tedere blik heeft niets te maken met een begeerlijke blik, maar straalt rust en behagen uit. De aanraking heeft niets van het begeerlijk grijpen, maar uit zich in de streling, de zachte handdruk, de kus. Iedere cultuur kent haar eigen manier om de aanraking vorm te geven. En ook in de spraak hoort men alleen nog een toon van zachtheid, van tederheid, van liefde (4). Hiermee zijn we onmiddellijk ingetreden in de wijze waarop de vriendschapsliefde zich wil uitdrukken om aan te tonen welk verschil er is met de andere vormen van liefde: met de eros die zich passioneel wil uiten en begerig gaat kijken, tasten en spreken en met de caritas die vanuit een gebod wordt opgelegd en die een universeel karakter heeft en juist geen voorkeuren mag tonen of zich emotioneel laten leiden. Van de caritas wordt verwacht dat ze juist het emotionele overstijgt, omdat ook de zogenaamde vijanden, van wie men spontaan een afkeer heeft subject worden van de liefde.

Als we nu naar Jezus kijken, dan kunnen we stellen dat Hij zowel de caritas als de philia als vertaling van zijn agape heeft beleefd.

Teilhard de Chardin stelde dat Jezus twee soorten vrienden had: enerzijds de armen, de zieken, de behoeftigen en de zondaars, aan wie Hij bewust het beste van zijn tijd besteedde, maar anderzijds ook 'ses amis de coeur', de mensen bij wie Hij graag vertoefde en bij wie Hij zich ging herbronnen . De caritas kan niet zonder de philia, want het is onmogelijk om zich met hart en ziel te blijven inzetten voor de hulpbehoevenden, indien men terzelfder tijd niet kan bogen op een vriendschap die beantwoordt aan een spontaan verlangen en die derhalve geen enkele wilskrachtige inspanning vergt (5). Natuurlijk zeggen we hier niet dat we de philia moeten ontwikkelen opdat we ook aan caritas zouden kunnen doen. Dat zou een degradatie betekenen van de philia, een utilisatie van de philia om een ander doel te bereiken. Neen, de philia is een goed op zich dat om zichzelf moet nagestreefd worden, maar dat wel vruchtbare gevolgen heeft naar de caritas toe.

De icoon van de philia bij Jezus is alvast zijn bezoek aan Martha, Maria en Lazarus (Lc. 10, 38 – 42). Het waren zijn vrienden, en wanneer Lazarus overlijdt en Jezus bij het graf geroepen wordt, weent Hij zodat de omstanders zeggen 'Hij moet wel veel van hem gehouden hebben' (Jo. 11, 36).

Maria toont het best wat vriendschap betekent, wanneer ze aan zijn voeten komt zitten om naar Hem te luisteren. Zij is het ook die volgens de traditie als zondige vrouw bij het bezoek van Jezus aan de farizeeër met een albasten fles balsem zijn voeten zalfde, zijn voeten waste met haar tranen en afdroogde met haar haren (Lc. 7, 36 – 50).

Johannes wordt de leerling genoemd die Jezus speciaal liefhad: 'Eén van zijn leerlingen, zijn naaste tafelgenoot, rustte aan het hart van Jezus: het was de leerling van wie Jezus hield' (Jo. 13, 23). Maar Hij zal tijdens het Laatste Avondmaal ook de andere leerlingen zijn vrienden noemen: 'Vrienden noem Ik jullie, omdat Ik alles wat Ik van de Vader heb vernomen, aan jullie heb meegedeeld' (Jo. 15, 15). Hiermee geeft Jezus zeer goed aan wat een hoofdeigenschap van vriendschap is, nl. dat men het intiemste van zichzelf meedeelt, dat men de sluier oplicht die over de diepste gedachten ligt. Aan de vriend durft men zijn ware gelaat tonen, want het terrein is er veilig. Tegenover een vriend mag men zijn wie men is, zonder façade en opsmuk, en van een vriend zal men ook de waarheid over zijn leven vernemen, in liefde en respect en fijngevoeligheid. Een vriend is in gelovig perspectief altijd een geschenk van God die niet toevallig op een beslissend moment van het leven op de weg wordt geplaatst met de uitnodiging voortaan een stuk levensweg samen af te leggen.

Iemand die reeds vroeg over de vriendschap heeft geschreven, en ook zijn hele leven op zoek is geweest om echte vriendschap te beleven, in de H. Augustinus. In zijn 'Belijdenissen' (6) gaat hij geregeld in op het belang van de vriendschap. Ergens schrijft hij dat hij niet zonder vrienden kan. 'Twee dingen zijn noodzakelijk in de wereld: het leven en de vriendschap. Daaraan moeten we groot belang hechten en die mogen we nooit geringschatten. Het leven en de vriendschap zijn goederen door de natuur geschonken. God heeft de mens geschapen opdat hij zou zijn en zou leven: dat is het leven. Maar opdat de mens niet alleen zou zijn, is ook vriendschap een levenseis'. Het kernstuk van de vriendschap is volgens

Augustinus de wederkerige liefde, steunend op een gezamenlijke inzet: gemeenschappelijke belangstelling, gemeenschappelijke ideeën en idealen. 'Wat was het anders dat mij vreugde gaf dan te beminnen en bemind te worden'.

'In de omgang met vrienden waren er andere dingen die mijn geest nog meer grepen: samen praten, samen lachen en elkaar met voorkomendheid behandelen, samen mooie boeken lezen, samen gekheid maken, ernstig zijn, het soms met elkaar oneens zijn zonder verbittering, zoals men het wel oneens is met zichzelf, en dan met die zelden voorkomende onenigheid de haast gestage eensgezindheid kruiden, elkaar iets leren of van elkaar iets leren, afwezigen met tegenzin missen en de komenden met blijdschap ontvangen. Deze en dergelijke tekenen die uit het hart komen van mensen die beminnen en wederliefde schenken, en die weerspiegeld worden door gelaat, tong, ogen en duizend andere trekjes van hartelijkheid, waren als brandstoffen die onze harten aaneensmeden, zodat vele harten tot één samensmolten'. Alleen echte vriendschap bereikt onmiddellijk de persoon van de ander, dringt door in zijn wezen, in zijn anders-zijn, zodat Augustinus de beroemde uitspraak kon neerschrijven: 'Niemand kan men kennen tenzij door vriendschap'.

'Vriendschap is geschonken liefde met wederliefde beantwoorden'. Deze wederkerigheid doet een zeer intieme vereniging ontstaan die Augustinus weergeeft in termen van : mijn andere ik, mijn ander hart, de helft van mijn ziel. 'Omdat gij mijn ander ik zijt, waarover zou ik dan liever met u spreken als waarover ik met mezelf spreek?'

De innovatie van Augustinus met betrekking tot de vriendschap bestaat hierin dat hij God en Christus mee betrekt in het beleven van de vriendschap. 'Wat ik van mijn ideeën en gedachten toevertrouw aan een trouwe vriend, die vervuld is van de christelijke caritas, vertrouw ik niet toe aan een mens maar aan God. In Christus krijgt onze vriendschap iets blijvends. Vriendschap is trouw in Christus in wie alleen zij ook eeuwig en gelukkig zijn'. 'Wij genieten van God omwille van Hemzelf, wij genieten van onszelf en van onze vriend in God omwille van diezelfde God. Wie immers de liefde van God in een vriend liefheeft, bemint de vriend omwille van God'.

Heel zijn visie over de vriendschap heeft Augustinus samengevat in de volgende tekst: 'Indien armoede nijpt, als rouw droef stemt, als lichamelijke pijn onrustig maakt, als ballingschap terneerdrukt, als welk kwaad ook ons kwelt, dan zijn daar goede mensen die niet alleen de kunst verstaan blij te zijn met de blijden, maar ook te wenen met de wenenden.

Mensen die een opbeurend woord weten te spreken en een weldoend gesprek voeren. Veel bitters wordt zo verzacht, veel drukkends verlicht, veel tegenslagen overwonnen. Maar eigenlijk doet God dit door en in die mensen. Hij immers heeft hen door zijn Geest goede mensen gemaakt. Van de andere kant, wanneer we zwemmen in rijkdom, door geen rouw getroffen worden, een goede lichamelijke gezondheid genieten, in een vrij vaderland wonen, maar samen moeten leven met mensen onder wie er niet één is in wie we vertrouwen kunnen stellen, niet één van wie we geen list, bedrog, haat, onenigheid of valsheid te duchten en te vrezen hebben, worden dan al die andere goede dingen van het leven niet hard en bitter, verliezen die dan niet alle vreugde en kleur? Immers, zonder een mens die onze vriend is, komt geen enkel ding in de wereld ons nog vriendelijk voor' (7).

Vriendschap beperkt zich steeds tot een beperkt aantal mensen, men kan niet iedereen tot vriend hebben, maar in de beperktheid zal men altijd een openheid houden voor anderen. 'Wij moeten wensen iedereen als vriend te aanvaarden. En onze houding moet zo zijn dat de mogelijkheid openblijft hem als vriend te aanvaarden'. Augustinus waarschuwt ook tegen vriendschap met rijken en machtigen, omdat deze vriendschap dikwijls onoprecht en berekend is. Hij verwijst naar Jezus zelf: 'De Heer heeft niet in de eerste plaats senatoren willen kiezen, maar wel vissers, om ons te leren dat wij omwille van ons heil vriendschappen met machtige mensen moeten geringschatten'(8).

En hiermee duidt Augustinus tegelijk op een andere belangrijke eigenschap van de vriendschap: dat men zich geen vrienden kan maken, maar dat men ze ontvangt. Men kan wel de omstandigheden creëren om vriendschap te laten ontluiken en groeien, maar uiteindelijk overkomt ze de mens.

Vriendschap kan zeer intens worden, en dat wordt mooi beschreven door Maurice Zundel in zijn boek 'Ouverture sur le vrai': 'Er komen in de vriendschap soms uren voor, tijdens dewelke men tot de grootste openheid komt. Men heeft elkander dan niets meer uit te leggen. Men is zozeer in elkaar doorgedrongen dat geen enkel woord dat eenheidsgevoel nog intenser kan maken. Beide zielen raken elkaar aan in de diepte. Hetzelfde licht maakt hen doorzichtig voor elkander. Eénzelfde Geest neemt hen beiden op in éénzelfde ademhaling. Eénzelfde genade bevrijdt hen even uit hun beperktheden. Eénzelfde tegenwoordigheid vloeit voortdurend over van de één naar de ander... De ontmoeting is zo totaal dat zij steeds weer zullen verwijzen. Men zal nadien opnieuw beginnen praten en de gewone thema's aansnijden. Maar men weet dat dit alles slechts de sluier is die men werpt over de schittering van dat unieke ogenblik; een schittering die men voortaan voelt leven tussen elkaar als een goddelijk geheim. Zelfs de dood zal daarop geen inbreuk meer kunnen plegen' (9).

Misschien kunnen we hier een gedicht invoegen dat me altijd sterk heeft aangegrepen en waarin ook de intensiteit van de vriendschap wordt beschreven. Guido Gezelle schreef het op 1 november 1858 voor zijn leerling Eugeen van Oye: 'Dien avond en die roze'.

'k Heb menig uur bij u
gesleten en genoten,
en nooit en heeft een uur met u
me een enklen stond verdroten.
'k Heb menig menig blom voor u
gelezen en geschonken,
en, lijk een bie, met u, met u,
er honing uit gedronken;
maar nooit een uur zo lief met u,
zo lang zij duren koste,
maar nooit een uur zo droef om u,
wanneer ik scheiden moste,
als de uur wanneer ik dicht bij u,
dien avond, neêrgezeten,
u spreken hoorde en sprak tot u
wat onze zielen weten.
Noch nooit een blom zo schoon, van u
gezocht, geplukt, gelezen,
als die dien avond blonk op u,
en mocht de mijne wezen!
Ofschoon, zo wel voor mij als u,
-wie zal dit kwaad genezen? –
een uur bij mij, een uur bij u
niet lang een uur mag wezen;
ofschoon voor mij, ofschoon voor u,
zo lief en uitgelezen,
die roze, al was 't een roos van u,
niet lang een roos mocht wezen,

toch lang bewaart, dit zeg ik u,
't en ware ik 't al verloze,
mijn hert drie dierbre beelden: u
dien avond – en – die roze! (10)

Wat in proza soms moeilijk onder woorden is te brengen, kunnen poëten op hun wijze uitdrukken: de diepte van de vriendschap, het mooie van de vriendschap, het goddelijke van de vriendschap. In dit gedicht van Gezelle voelen we als het ware de overgang van philia naar agape, of hoe de menselijke vriendschap, zuiver beleefd, het perspectief van het goddelijke opentrekt.

8.2. Vriendschap bij religieuzen

Tot nu toe hebben we vriendschap algemeen benaderd, als een noodzakelijk goed voor eenieder. Zoals bij de aanvang aangegeven ontving vriendschap binnen het religieuze leven niet altijd de waardering die ze verdiende, omwille van de ontsporingen die mogelijk waren. Bernanos laat dit zeer mooi zeggen in zijn 'Journal d'un curé de campagne': 'Uw roeping ligt in de vriendschap. Maar pas op dat deze laatste niet tot passie ontaardt, want van alle ziekten is dat de enige waarvan een mens nooit helemaal geneest' (11).

Philia kan in eros overslaan, wanneer ze gepassioneerd wordt en wanneer de vriend volledig en exclusief opgeëist wordt voor het eigen welbehagen.

Het zou echter verkeerd zijn omwille van deze mogelijkheid de vriendschap bij religieuzen a priori verdacht te maken en daarmee aan religieuzen de rijkdom van de vriendschap te ontzeggen. Neen, religieuzen hebben net zoals iedereen echte vriendschap nodig om zich als persoon te ontwikkelen, om de broederlijke liefde binnen het gemeenschapsleven te bevruchten, om de naastenliefde te stimuleren en om uiteindelijk ook Gods liefde via het geschenk van de vriendschapsliefde te mogen ervaren.

In de geschiedenis kennen we heel wat religieuzen die aan de vriendschap een belangrijke plaats gaven, ook in een tijd dat dit niet zo evident was, zeker wat vriendschap betrof tussen man en vrouw. We haalden reeds Augustinus aan die behartenswaardige zaken over de vriendschap schreef. Franciscus van Sales, die een heel intense vriendschapsrelatie uitbouwde met Jeanne de Chantal, schrijft erover in zijn 'Inleiding tot het devote leven': 'Men kan toch zeker niet ontkennen, dat Onze Heer met een zoeter en meer speciale vriendschap de heilige Johannes, Lazarus, Martha, Magdalena beminde, want de H. Schrift getuigt het. Men weet dat de heilige Petrus een tedere liefde had voor de heilige Marcus en voor de heilige Petronilla, evenals Sint Paulus voor zijn Timotheus en voor de heilige Tecla. De heilige Gregorius van Nazianze geeft herhaaldelijk op van zijn onvergelijkelijke vriendschap met de grote heilige Basilius en beschrijft haar aldus: 'Het scheen, dat er in ons beiden slechts één ziel was, die twee lichamen in stand hield. Al kan men degenen, die zeggen dat alles in alles is niet geloven, toch moet men ons geloven, dat wij beiden in één van ons en de één in de ander was: wij hadden beiden slechts één doelwit nl. vooruitgang in de deugd, aanpassing van ons aardse streven aan de toekomstige verwachting, zodat wij reeds voor onze dood dat sterfelijk leven prijs geven'. ... De heilige Hiëronymus, de heilige Augustinus, de heilige Gregorius, de heilige Bernardus en alle grote dienaren Gods hebben zonder schade voor hun volmaaktheid, heel speciale vriendschappen gehad. ... De volmaaktheid bestaat niet hierin, dat men geen vriendschap onderhoudt, maar hierin dat men alleen goede, heilige, gewijde vriendschappen zoekt' (12). Zijn uitgangspunt over de vriendschap is zeer positief maar tegelijk ook realistisch: deze vriendschap kan ontaarden in de zogenaamde bijzondere vriendschap waarbij mensen elkaar gaan misbruiken voor eigen genot, dikwijls onder de dekmantel van een spirituele relatie. Zijn raadgeving is hierbij duidelijk: geef nooit toe aan het minste compromis en blijf waakzaam opdat uw vriendschap zuiver blijft.

Andere voorbeelden die alomgekend zijn is de vriendschap tussen Franciscus van Assisi en Clara, tussen Teresia van Avila en Johannes van het Kruis, tussen Vincentius a Paulo en Louise de Marillac. Teilhard de Chardin schreef: 'Niets is in mij ooit tot ontplooiing gekomen tenzij onder de blik en onder de invloed van een vrouw' (13).

Bij al deze voorbeelden weten we dat het om een zuivere vriendschapsliefde ging, open voor de ruimere gemeenschap. Want dit is wellicht de beste samenvatting van de voorwaarden van een goed beleefde vriendschapsliefde bij religieuzen: ze moet zuiver blijven en open voor de ruimere gemeenschap; de vriend van een individuele religieus dient ook de vriend te zijn van de gemeenschap.

Heel wat kunnen we leren van Dr. A. Terruwe die met haar ontwikkeling van de weerhoudende liefde een wondermooie beschrijving geeft in het kader van haar bevestigingsleer van de wijze waarop de vriendschapsliefde tot ontwikkeling en bloei kan komen. Voor religieuzen is dit een zeer verhelderende en bruikbare theorie. Terruwe gaat uit van de stelling dat alleen een natuurlijk-geopende mens gelukkig kan zijn, en dat deze opening alleen kan geschieden door een bijzondere ontmoeting met een ander mens. Deze ontmoeting heeft tot gevolg dat door de ene mens aan de andere zijn gevoel van zelfwaarde wordt aangereikt en vice versa. Deze bevestiging van de mens is het waarde- en zinsonthullend zijn van de andere mens en daardoor van zichzelf en de gehele schepping en de Schepper. Terruwe beschrijft hierbij de bevestiging onder de volgende woorden: 'Je mag zijn zoals je nu bent, om te kunnen worden, die je in potentie bent, maar nog niet kunt zijn. En je mag het worden op jouw wijze en in jouw uur.' Het is vanuit deze grondhouding dat ze het begrip van de weerhoudende liefde in een aantal stappen ontwikkelt.

In een eerste beweging zal de andere, de vriend, het liefdegevoel sensitief opnemen en mogen ervaren: ik word bemind. Hij is voor de beminnende persoon een goed. De beminde persoon ervaart dit in zijn gevoel en voor zijn gevoel is dit behaaglijk, aangenaam. Hij wordt gewaardeerd en in zijn zijn bevestigd. Dit bemind worden en zich bemind weten is voor iedere mens essentieel om meer en vollediger mens te worden. Kinderen die nooit de ervaring krijgen dat ze bemind worden, lopen het gevaar als onbevestigende mensen door het leven te moeten gaan. Dat kan, pathologisch, leiden tot een frustratieneurose. Ook religieuzen die zich afsluiten voor diepere relaties met medemensen sluiten zich af voor deze bevestiging en dreigen ofwel zelfgenoegzame mensen te worden die anderen niet nodig hebben, of ten diepste ongelukkige en gefrustreerde mensen. Zij die lijden aan een frustratieneurose opgelopen door een opvoeding die iedere affectie miste, hebben gewoon niet de mogelijkheid een duurzame relatie met een ander op te bouwen. Ze zijn getekend voor de rest van hun leven. In religieuze gemeenschappen kan men soms deze mensen tegenkomen die het klooster opzochten om zo weinig mogelijk interpersoonlijke relaties te moeten uitbouwen en in de anonimiteit van de groep te kunnen leven en overleven. Het zijn mensen die stipt de regel volgen en bijna op een autistische wijze uitvoeren wat van hen gevraagd wordt, maar voor de rest zich verschansen in een geïsoleerd bestaan. Het is duidelijk dat deze mensen weinig geschikt zijn om een normaal gemeenschapsleven uit te bouwen, en beter tijdens de vormingsjaren anders georiënteerd worden. Anderzijds is het goed met het verworven trauma van deze mensen rekening te houden en hen zoveel mogelijk proberen te bevestigen opdat doorheen constante bevestiging misschien toch nog heling kan optreden.

We gaan terug naar onze stappen in de ontwikkeling van de weerhoudende liefde, en zien dat in een tweede beweging de andere zich opent voor diegene die hem bemint. Hij wil op diens liefde ingaan. Liefde roept wederliefde op, en voor beiden wordt die liefde een goed: de beminnende voelt behagen in de liefdesuiting en de beminde voelt eveneens behagen in de liefde die hij mag ontvangen.

De derde beweging bestaat nu juist hierin dat de beminde de liefde beantwoordt met zijn wederliefde, waardoor de cirkel gesloten wordt. Terruwe gaat in op dat liefdegevoel en op die situaties waarbij de liefde niet kan beantwoord worden met een wederliefde of wanneer de wederliefde zich moet beperken in haar uitingsvormen, zoals dit bij de vriendschapsliefde het geval is. In de weerhoudende liefde wordt de hoofdvraag van beide partijen: wat is goed voor de andere in zijn of haar levenssituatie en levenskeuze. Dr. Terruwe formuleert dit zeer treffend: 'De weelde van de liefde bestaat in de adequatie van het aanbieden van de liefde in de maat en op de wijze van de ontvangende ander'. De weerhoudende liefde wordt dan een natuurlijke vervolmaking van het menselijke liefdegevoel omdat men daarbij, met uitschakeling van het eigen ik, het eigen genot, uitsluitend gericht is op wat voor de ander goed is en wat uiteindelijk ook voor zichzelf goed is.

Iedere vriendschapsliefde bij en onder religieuzen zal steeds moeten getekend zijn door deze weerhoudende liefde, omdat vanuit het godgewijde celibaat en de gelofte van zuiverheid iedere relatie moet ontdaan blijven van gelijk welke passionele invulling die tot een erotische uitdrukking kan komen (14).

Vriendschapsliefde zal dan ook steeds moeten baden in een sfeer van een heilige afstand, waarbij we de schoonheid en de goedheid van de andere van op afstand blijven aanschouwen en beminnen. Het is zoals de Libanese dichter Kahlil Gibran in 'De Profeet' uitdrukte: 'Wanneer u afscheid neemt van uw vriend, treur dan niet; want wat u het meest in hem liefheeft, zal klaarder worden in zijn afwezigheid, zoals een berg voor de beklimmer klaarder wordt vanuit de vlakte' (15). Afstand nemen en afstand houden moet niet per se gezien worden als een vorm van repressie, integendeel, juist in de afstand die we aan mekaar blijven aanbieden geven we ook de nodige ruimte om in vrijheid verder te ontwikkelen, ook in de vriendschap. Het steeds bij mekaar willen blijven kan uiteindelijk ook versmachtend werken en finaal de vriendschapsliefde desoriënteren.

Terruwe gebruikt als symbool van de weerhoudende liefde het beeld van de waterlelie: 'Zij groeit in het donker en vergaart haar krachten in de stilte zoals de liefde. Zij vertoont zich in het licht als een voltooide knop, die zich niet openwoelt al is zij in het licht: zoals het verlangen van de liefde. Zij opent zich in volle pracht in de warmte van de zon: zoals de vreugde van de liefde. Zij trekt zich voor de winter weer terug onder het watervlak: zoals de liefde, die zich weerhoudt' (16).

Misschien kunnen we deze meditatie over de weerhoudende liefde als grondhouding van de vriendschapsliefde afsluiten met een andere icoon: deze van de ontmoeting van de verrezen Jezus met Maria Magdalena bij het lege graf. 'Ze keerde zich om en zag Jezus staan, maar ze wist niet dat het Jezus was. Jezus vroeg: 'Waarom huilt u zo? Zoekt u iemand?' In de mening dat het de tuinman was zei ze: 'Heer, als u het bent die Hem hebt weggenomen, zeg me dan waar u Hem hebt neergelegd; dan kan ik Hem laten halen'. Jezus zei: 'Maria!' Ze keerde zich nu naar Hem toe en zei: 'Rabboeni' (Dat is het Hebreeuws voor: meester). 'Houd Me niet vast', zei Jezus. 'Ik moet nog opstijgen naar de Vader. Ga liever naar mijn broeders en zeg hun: 'Ik stijg op naar mijn God en die ook jullie God is"(Jo. 20, 14 – 17). Het 'Noli me tangere', - raak me niet aan, zoals in vroegere vertalingen klonk, is het moment dat een grens wordt gezet aan de liefdesuiting, want verder gaand zou ze niet meer vruchtbaar zijn voor de betrokken personen. Jezus kan niet blijven, mag dus hier niet vastgehouden worden, en Maria Magdalena mag zich niet vasthechten aan de gestalte van Jezus maar moet de ware boodschap van zijn leven gaan verkondigen bij zijn broeders. Beiden moeten trouw blijven aan hun roeping en moeten dus hun liefdesuitingen inperken zodat er ruimte blijft voor de vervulling van hun eigenlijke roeping. Ware liefde zal altijd bevorderend moeten zijn voor de roeping van beide personen.

8.3. Verliefdheid

Echte vriendschap maakt altijd vrij, om het nog eens te herhalen, supprimeert de inwendige eenzaamheid niet maar respecteert ze en bevordert ze, zodat het een vruchtbare eenzaamheid wordt. De eenzaamheid is als een inwendige woestijn, om een woord van Meester Eckhart te gebruiken, waar het goed is om de dwalen en waar we God mogen ontmoeten. Het is ook de plaats waar de gemeenschap en de relatie met de andere verdiept wordt. In de eenzaamheid neemt men tijd om het goede en het mooie in de andere te contempleren en wordt de relatiemogelijkheid aangescherpt. Het gesprek, het samenzijn, wordt een herinnering, krijgt tijd om zich te verdiepen, en groeit naar een zacht verlangen dit gesprek, dit samenzijn verder te zetten. Het probleem wordt wanneer men in de vriendschap juist die eenzaamheid probeert te ontvluchten en alles gaat doen om samen te zijn, waarbij men eigenlijk zijn eigen levenssituatie als religieus, waarbij de eenzaamheid een wezenlijk element vormt, gaat ontvluchten. En hier kan vriendschap overslaan naar verliefdheid die zich uit in het steeds meer bij elkaar willen toeven, en dat op een exclusieve en possessieve wijze. De vriend wordt het persoonlijke bezit en men sluit zich af van de ruimere gemeenschap. Hierbij groeit ook het verlangen om deze nabijheid een meer erotische invulling te geven. De ganse persoon wordt erdoor ingenomen en men lijdt wanneer de andere niet aanwezig is. De heilige afstand is verbroken; het wordt een pijnlijke afstand.

De authentieke vriendschap zal zich altijd kenmerken door de totale afwezigheid van iedere erotische inkleuring of seksuele manifestatie, door de openheid die men bewaart naar andere vriendschappen en de ruimere gemeenschap en door de wijze waarop men de vriendschap steeds probeert te integreren in de eigen leefgemeenschap. Ware vriendschap slorpt de energie niet op maar geeft juist energie om het gebed en het apostolaat te verdiepen. Het zijn deze elementen die een goede toets vormen om iedere vorm van vriendschap te doorlichten op haar authenticiteit.

Wanneer men evenwel overvallen wordt door de passies binnen een vriendschapsrelatie komt het erop aan deze emotionele oprispingen te beheersen en er zich niet zonder meer aan over te geven. De gevoelens zijn er, ze vormen een realiteit, en het is goed daarover open te zijn met de partner in de vriendschap, zodat men gezamenlijk stappen kan nemen om de vriendschapsliefde in haar zuiverheid te herstellen. Dit kan bestaan in het mekaar tijdelijk niet meer ontmoeten, niet meer schrijven of telefoneren, in het voorleggen aan een geestelijke begeleider, in het brengen van de vriendschapsrelatie voor de Heer, die steeds de grote aanwezige moet blijven in iedere relatie. Laat ons eindigen met een zin uit het boekje van Herwig Arts die we ook bij de aanvang hebben aangehaald: 'In de liefde kan men nooit ver genoeg gaan. Niemand kan te veel beminnen; men kan enkel te weinig liefhebben of op een verkeerde manier van iemand houden. Velen, vooral geestelijken, zeggen dwaasweg dat men het belang van de liefde wel eens overschat. In werkelijkheid kan men de liefde nooit overschatten; men kan wel de rol van het verstand en van de wilskracht onderschatten in de liefde en daar ligt dan ook de voornaamste oorzaak van de vele ontsporingen en mislukkingen op dit gebied' (16).

8.4. Besluit

Het is niet goed op een negatieve manier dit hoofdstuk te beëindigen en te spreken over ontsporingen en mislukkingen. Die zullen er altijd zijn, maar die mogen ons niet afschrikken om het sublieme goede van de vriendschapsliefde te blijven zien en te blijven cultiveren. Het is te vergelijken met iemand die leert auto rijden, en omwille van de mogelijke gevaren alleen maar geleerd wordt op de rem te duwen, een platte band te herstellen en een gevarendriehoek te plaatsen. Wat hij vooral moet leren is op een tegelijk ontspannen en beheerste wijze het stuur in de hand te krijgen en op het juiste ogenblik gas te geven en de versnellingen te verleggen en weten waar de rem te vinden is. Zo is het ook met de vriendschapsliefde: laten we het leren, laten we ervan genieten om beter en mooier mens en religieus te worden en laten we ervoor zorgen dat God en de roeping die we van Hem hebben ontvangen de ereplaats blijven behouden, ook in de vriendschap. Dan wordt onze philia agape.

Noten:

1. Arts, Herwig, De wegen van het hart, over vriendschap. Leuven, Davidsfonds, 1991, pp. 145.
2. Benedictus XVI, Deus Caritas est. Utrecht, Kerkelijke documenten, 2006, pp. 35.
3. Wojtyla, Karel, Love and responsibility. San Francisco, Ignatius Press, 1993, p. 88 - 94
4. Stockman, René, De maat van de liefde is liefde zonder maat. Leuven, Davidsfonds, 2000, p. 27-28.
5. Arts, o.c. , p. 12-13.
6. Augustinus, De belijdenissen. Utrecht, De Fontein, pp. 495.
7. Van Bavel, T. J. , Augustinus: van liefde en vriendschap. Averbode, Altiora, 1986, pp. 168.
8. Van Bavel, T. J. , Charisma: gemeenschap. Heverlee, Augustijns Historisch Instituut, 2000, pp. 186.
9. Zundel, Maurice, Ouvertures sur le vrai. Paris, 1989, p. 34 – 35.
10. Gezelle, Guido, Verzameld dichtwerk. Antwerpen, De Nederlandsche Boekhandel, 1981.
11. Bernanos, Georges, Journal d'un curé de campagne. Paris, 1968, p. 43.
12. Van Sales, Franciscus, Inleiding tot het devote leven. Voorhout, Foreholte, 1949, p. 164.
13. Teilhard de Chardin, Le coeur de la matière. Paris, 1976, p. 72.
14. Terruwe, Dr. A.A.A., Kom uit de boom, Zacheus, ik kom bij je eten. Lochem, De Tijdstroom, 1974, pp. 27.
15. Kahlil Gibran, De Profeet. Uitg. Synthese, pp. 125.
16. Terruwe, Dr. A.A.A., Hooglied van de liefde. Averbode, Altiora, 1996, p. 29.
17. Arts, o.c., p. 135.

Besluit

Onze verkenning van het godgewijde celibaat bracht ons op een aantal domeinen die nauw verwant zijn aan het thema. Het was nodig ze ook te bezoeken om het godgewijde celibaat als dusdanig scherp te kunnen aflijnen. Wellicht konden en kunnen nog meer domeinen bezocht worden, maar de beperking heeft ook haar waarde en we mochten het eigenlijke thema niet laten ondersneeuwen. We hopen weliswaar dat het godgewijde celibaat voldoende in zijn verschillende aspecten werd benaderd en dat een realistisch beeld werd opgehangen. Iedere religieus zal natuurlijk een eigen persoonlijke invulling geven, vanuit zijn eigen persoonlijkheid, vanuit en met zijn verleden, binnen de realiteit van iedere dag. Het zijn de verhalen over het godgewijde celibaat die men in andere werken kan vinden en die men in levende lijve kan ontmoeten.

Het godgewijde celibaat is en blijft een gave en een opgave. We willen de opgave zeker nooit loskoppelen van de gave. Dank zij de gave wordt de opgave mogelijk, krijgt de opgave iets uitdagends, ontbolstert het celibaat zich in steeds nieuwe facetten en in tot nu toe nog ongekende mogelijkheden en perspectieven.

Ik hoop dat de lectuur van het boek een kleine bijdrage mocht leveren om dit belangrijke aspect binnen de kerk op een serene en positieve wijze te benaderen. In mijn achterhoofd had ik ook de jonge religieuzen voor ogen die zich nog een weg moeten zoeken in die gave die voor hen nog soms meer een opgave is. En ik heb het boek geschreven als mannelijke religieus, als religieuze broeder, vanuit de ervaring van mijn man zijn in het godgewijde celibaat. Achter de 'mannelijke' stijl moet men dus niets anders zoeken dan deze keuze die vanuit een beperking in inzicht in de vrouwelijke psychologie is ingegeven. Ik denk wel dat veel elementen voor beide geslachten van toepassing zijn, maar een aantal facetten vragen op zijn minst nuancering. Ieder kan deze nuancering dan ook voor zichzelf maken.

Ik heb lang nagedacht of ik dit boek zou schrijven en ook nog uitgeven. Men doet dit niet vooraleer men een aantal jaren levenservaring heeft en tevens de sereniteit heeft gevonden of ontvangen om over dit thema met zijn diepmenselijke banden te kunnen spreken. Maar de omgang met jonge religieuzen in opleiding heeft me ertoe aangezet de uitdaging van deze studie aan te gaan, omdat ik zag en hoorde, en blijf zien en horen hoe tegendraads het godgewijde celibaat vandaag in de wereld staat en hoe moeilijk het is om als jonge mens die daartoe geroepen wordt daarop positief te antwoorden en de steun en de waardering te ontvangen die toch zeker in de beginjaren van groot belang zijn. Ik wil hun met dit boek deze steun en waardering uitspreken.

Inhoudstafel